KB211915

연기맵이면 누구나 깨닫는다

연기맵이면 누구나 깨닫는다

1판 1쇄 인쇄 2016. 1. 20.
1판 1쇄 발행 2016. 1. 27.

지은이 백창우

발행인 김강유
편집 강지혜 | 디자인 조명이
발행처 김영사
등록 1979년 5월 17일(제406-2003-036호)
주소 경기도 파주시 문발로 197(문발동) 우편번호 10881
전화 마케팅부 031)955-3100, 편집부 031)955-3250 | 팩스 031)955-3111

이 책은 저작권법에 의해 보호를 받는 저작물이므로 저자와 출판사의 허락없이
내용의 일부를 인용하거나 발췌하는 것을 금합니다.

값은 뒤표지에 있습니다.   ISBN 978-89-349-7349-2 03220

독자 의견 전화 031)955-3200
홈페이지 www.gimmyoung.com   카페 cafe.naver.com/gimmyoung
페이스북 facebook.com/gybooks   이메일 bestbook@gimmyoung.com

좋은 독자가 좋은 책을 만듭니다.
김영사는 독자 여러분의 의견에 항상 귀 기울이고 있습니다.

이 도서의 국립중앙도서관 출판시도서목록(CIP)은 서지정보유통지원시스템 홈페이지
(http://seoji.nl.go.kr)와 국가자료공동목록시스템(http://www.nl.go.kr/kolisnet)에서
이용하실 수 있습니다.(CIP제어번호 : CIP2016001233)

연기법이면
누구나
깨닫는다

백창우 지음

《이것이 깨달음이다》 백창우 선생이
안내하는 연기법 수행의 요체

김영사

머리말

나는 연기법에 관한 글을 읽다가 홀연히 깨어났다.

그리하여, 연기법을 어떻게 수행하면 되는지를 알게 되었다.

그로 인하여 연기법을 통해 공부인들이 깨어나도록 하고 싶은 간절함이 생겨났고, 바로 그 간절함이 이 글을 쓰도록 했다.

연기법으로 깨어나는 과정과 그렇게 드러난 실상을 있는 그대로 설명하고, 의식의 자연스런 발달과정과 부합되는 수행을 통해서 깨어나도록 하고 싶다. 그동안 연기법 수행에 대한 실질적인 로드맵이 구체적으로 제시되지 못한 탓에 소외되었던 인류의 영적 유산을 이 시대에 걸맞은 수행으로 재탄생시키고자 한다. 연기법은 회광반조回光返照가 아닌, 제상 그대로를 실상으로 깨닫는 것이다.

연기법 진실은 이렇게 다가왔다.

2002년 1월 17일 02시 정각에 지금까지의 막연한 나의 삶을 뒤집는 뜻밖의 사건이 일어났다. 그날 연기법을 설명하는 글을 읽다가, 온 우주가 진여의 연기작용으로 펼쳐진 일진법계—眞法界임이 드러났다.

알고 싶지만 그럼에도 풀리지 않던 존재의 실상이 갑자기 그 모습을 드러냈다.

사과는 원인과 조건들로 말미암아 생겨난 것이다.

사과는 사과 아닌 것들이 모여서 사과가 된 것이다.

때문에 사과라고 할 것은 비었다.

일체가 그러하다.

연기법을 설명하는 단순한 이 글이 나의 머리와 가슴을 강타했다.

사과에서 촉발된 연기법은 다른 것들에도 대입이 되어 그것 또한 마찬가지로 연기법으로 생겨나는 것임이 분명해지면서, 연이어 모든 것들도 그렇다는 통찰이 연쇄반응식으로 일시에 촉발되었다.

순간, 급격한 의식의 변화 탓인지 어지러워 몸을 가눌 수가 없었다. 눈앞이 빙그르르 돌긴 했는데, 미처 한 바퀴는 안 된 상태에서 멈추었다. 그 순간 머리가 조여지는 압박감이 느껴지면서 엄청난 각성이 일어났다. 각성력이 강하게 뿜어져 나온 탓에 온 세상이 저녁노을에 물든 것같이 보였다.

눈앞의 모든 것들이 살아 있었고 생전 처음 보는 진기한 보물들이었다.

바위조차도 살아 있는 생명으로, 조금 전까지 움직이다가 막 동작을 잠시 멈춘 것으로 보였다.

본래의 태곳적 고요가 신비로운 바탕으로 드러나고 일체의 존재는 모양 없는 빛덩어리로 드러났다.

그 광경은 몹시 기이하면서도 신비롭고 장엄한 모습이었다.

'이런 세상에! 이 세상이 본래 이러했구나!'라고 알아졌다.

형언할 수 없이 아름답고 신비로운 우주가 그 모습을 드러냈다.

까닭모를 감사함과 기쁨이 함께하는 신비한 우주가 매우 반가웠다.

온몸의 세포 하나하나까지 이러한 진실에 깊이 감응하며 희열감으

연기법이면 누구나 깨닫는다

로 녹아들었다. 난생 처음 웃음과 하나되어 웃었다.

세상도, 몸도, 생각도…… 모두가 진여의 현현임이 드러난 것이다.

진여는 허공같이 비어 있고 동시에 유리 속처럼 꽉 찬 진공이다.

텅빈 허공 같은 진여바탕이 환(꿈)으로 펼쳐진 삼라만상이다.

드러난 진실에 푹 잠겨 6개월간이나 법열(환희심)과 함께하는 날들을 보냈다. 시간이 지나면서 희열감(법열)은 차분하게 안정되었고, 일체가 진여의 현현임은 늘 분명하다.

나는 본래 선禪 공부를 하다가 연기법 공부로 깨어났다.

그래서 선과 연기법 공부의 장단점을 자연스럽게 알게 되었다.

선 공부의 장점을 모르진 않지만, 선 공부만으로는 확철하게 깨어나기 어렵다.

선은 선정바라밀이기에 안심입명[定]에 대한 공감대가 선 방식의 공통분모이다.

연기법은 지혜바라밀이기에, 실상이 무엇인지를 꿰뚫어보는 앎[慧]에 대한 공감대가 공통분모이다. 물론 정과 혜가 중도적으로 함께하는 것이지만, 수행법에 따라 둘 중 한쪽으로 쏠리는 경향이 있다.

따라서 연기법 수행을 주축으로 하면서도 이근원통 수행을 접목하
도록 안내할 것이다.

정상에 오르는 길은 다양하다.
때문에 연기법만이라고는 하고 싶지 않다.
하지만 연기법 공부의 토대가 있어야 바르고 건강한 깨달음을 성취
할 수 있다.
묘하게도 연기법 공부는 생각으로 시작한다.
생각으로 시작한 공부는 연기법 이치를 사유하면서 자연스럽게 생
각을 벗어나도록 한다.

흔히들 연기법 공부는 알음알이에서 벗어나지 못할 것이라고 오해
를 한다.
그것은 연기법 공부를 제대로 해보지 않은 사람들이 생각하는 신포
도 비유와 같다.
해보지도 않고 그렇게 생각하는 것은 어리석다.
부처님은 연기법으로 깨달았다고 하면서도, 연기법 공부를 그렇게
오해하는 것은 참으로 이상하지 않은가?

이원적 생각방식으로는 생각의 한계를 넘어서지 못하고 생각 속에 갇혀버린다.

하지만 연기법적 사고는 이원적인 사고의 한계점을 넘어서게 한다.

쉽게 말해서, 이원적 사고를 연기법적으로 전환하면 저절로 존재의 실상을 깨닫게 된다.

연기법은 모든 공부와 병행할 수 있는 수행법이기도 하다.

때문에 기존의 공부를 포기할 필요는 없고 잠시 연기법 공부를 곁들이면 된다.

오늘날 선 위주의 공부 풍토로 인해서 연기법 공부의 참된 효과와 가치가 가려져 있다.

연기법 공부는 합리적 사고가 발달한 이 시대에 잘 부합하는 공부이다.

연기법은 모든 수행법을 아우르는 알파요, 오메가이다.

특히 연기법 수행이 궁극적 진실인 진여(불성)로 회통하지 못하고, 고작 환(꿈)이라는 것으로만 귀결되는 것은 무척이나 안타깝다. 바로 이러한 부분이 이 책을 쓰도록 한 이유이기도 하다.

그렇지 않아도 무척이나 고단한 삶을 살아온 수행자에게 또다시 수행이라는 짐을 지워선 안 된다. 연기법 수행과 이근원통 수행이면 실상을 깨닫기에 충분하다.

영성시대에 태어난 많은 사람들이 이 책을 통하여 바른 깨달음을 쉽고 빠르게 성취하게 될 것이다.

그것을 위한 실질적인 연기법 수행으로 연기맵을 소개하고자 한다. 연기맵은 다년간 집중수련, 법회, 온라인 법문 등으로 이루어져온 연기법 사유 실천수행이다.

이 과정에서 많은 공부인들이 정견을 갖추게 되고 연기적 사고로 전환하여 실상에 눈을 떴다. 연기맵은 이렇게 검증되는 과정을 거치며 비로소 책으로 엮어질 수 있게 된 것이다.

그런 연유로, 이 책은 연기맵이라는 연기법 사유수행을 진지하고도 끈기 있게 실천하신 수많은 도반님들의 발심과 열의 그리고 서로 간에 의존하고 침투하는 역동성에 기반해서 만들어졌다고 해도 과언이 아니다. '대적광'의 도반님들에게 마음 깊이 감사드린다.

또한 이 책이 나오기까지 세심하게 수고해준 도반님들이 있다.

바다, 바로이름, 진탐자의 간절한 애씀이 없었다면 연기법 책이 빛을 보기 어려웠다.
특히 좀 더 분명하게 의미가 전달되도록 교정과 편집에 각별히 애를 쓴 무심과 여기와 무각 그리고 허유의 노고가 있었다.
더불어 김영사 출판사의 도움으로 좋은 책이 엮이게 되었다.

앞서 나온《이것이 깨달음이다》를 읽어본 사람들은 바른 견해가 잡혔을 것이다.
이 책은 실제로 깨어나도록 안내하는 수행법을 제시하였다.
따라서 이 책을 차분하게 읽고 연기법 사유수행을 하다보면 반드시 좋은 소식이 있을 것이다.

2016년 1월
지여인 백 창 우

차례

Ⅲ
연기맵 그리기

Ⅳ
연기맵을 그려본 후

I

연기법은 무엇인가

실상을 깨닫게 하는 연기법

●━━━━●

연기법은 존재의 참모습을 깨닫게 한다.

우리는 있는 그대로의 참모습을 모르고 산다.
나와 삼라만상의 진정한 모습을 모르고 살기 때문에, 고달픈 삶을
살 수밖에 없다.

이를테면 태어나 살아가면서 갖가지 고통을 겪다가 마침내 허망하
게 죽고 만다.
아무도 이와 같은 삶의 굴레에서 벗어날 길이 없다.
우리의 삶이 이러하다면, 설령 삶의 중간중간에 기쁨과 즐거움을

맛본다고 해도 덧없는 것이다.

도대체 왜 이와 같이 비참한 삶을 살아야 하는가?
비참한 삶의 고통을 겪기 위해서 태어나는 것인가?
이 같은 삶의 굴레는 벗어날 수 없는 숙명과 같은 것인가?

이 모두가 존재의 실상(實相, 참모습)을 모르기 때문에 겪는 일이다.
때문에 존재의 실상을 있는 그대로 알기만 하면, 삶에서 겪는 고통
은 즐거움으로 바뀐다.

실상을 깨닫게 하는 방법이 연기법이다.
연기법은 천형天刑 같은 삶의 굴레를 벗어나게 하는 비결이다. 우
리 모두가 행복한 삶을 살아가도록 하는 신묘한 해법인 것이다.

있는 그대로를 보는 법

모든 것들은 있는 그대로 존재한다.

우리는 있는 그대로의 모습을, 있는 그대로 보는 걸까?
아니면, 제각각 보고 싶은 대로 보는 걸까?
예를 들어 1. 이쁜 사람 2. 미운 사람 3. 이쁘지도 밉지도 않은 사람
이 있다고 하자.
이것은 주관적인 감정으로 투사해서 본 것이다.

만약 이와 같은 감정을 내려놓는다면 그냥 사람의 모습만으로 볼
것이다. 그래서 '있는 그대로'를 보기 위해서는 왜곡된 감정을 정화

하는 것이 좋다.

주관적, 감정적 편견을 배제하고 바라보면 모든 사람들이 그냥 모습만 다를 뿐 그냥 사람이다.
즉, 이쁘거나 밉거나 할 것 없는 상태로 바라보게 된다.

그렇다면 과연 지금 이 상태에서 '있는 그대로'를 보고 있는 걸까?
감정적인 부분[탐貪, 진瞋]은 내려놓았지만 사람이라는 인식은 남아 있다.

사람을 사람으로 보는 것은 너무나 당연한 것으로 여긴다.
따라서, 흔히들 이렇게 보는 것을 '있는 그대로' 본다고 생각한다.
하지만 이는 '사람과 사람 아닌 것'으로 나누어 바라보는 관점이다.
이 관점은 이원적 생각의 틀로 생겨난 것이다.

나 아닌 것들이 모여서 내가 된 것이라면 나와 나 아닌 것들의 구분(경계)은 사라진다.
이 구분은 생각이 만들어낸 것이기에 이 구분이 사라진다는 것은 곧 생각의 틀에서 벗어나는 것이다.

이것이 탐진을 벗어난 이후의 치(癡, 존재의 실상을 모르는 인식적 무명)를 다스리는 수행이다.

사람 아닌 것들이 사람이 된 것이니, 딱히 '이런 것이 사람'이라고 할 것이 없어진다.

고집할 것이 사라지니 경직된 마음이 말랑말랑해지고 유연한 사람이 된다.

나 아닌 것들이 나를 있게 한 것이니, 나 아닌 것들이 참으로 고맙고 감사하다.

우주는 온통 자비(사랑)와 기쁨과 감사함으로 가득하다.

이대로가 그대로?

누가 이대로가 그대로라고 하는가?

존재의 실상을 깨닫고 보니까 그렇다는 것이다.

그런데 이 말을 오해하여 '이대로가 그대로이니 그냥 살면 되겠구나' 하는 사람이 있다.

이 사람은 망상을 피우고 있는 것이다.

반드시 존재의 실상을 깨달아야 한다.

깨닫고 보니까 이대로의 삼라만상이 진여의 현현인 그대로이다.

그런 줄 알고 살면 된다고?

그렇다면 수행이 무슨 필요가 있단 말인가?

번뇌를 껴안아야(포용, 수용) 한다는 것도 마찬가지이다.
그런 방식은 당장 불편한 마음을 진정시키는 처방이지만 오히려 실
상을 깨닫지 못하게 한다.

깨달음은 앎이다.
존재의 실상이 무엇인지를 분명하게 깨달아 아는 앎이다.
번뇌의 실상을 깨닫고 보면, 껴안고 말고 할 것도 없다.
편안하느니, 아무 일이 없느니 할 것도 없다.
그런 것조차도 넘어서 있는 것이다.

해탈지견解脫知見은 안심입명처安心入命處를 구해서 그 자리에 안
주하는 것이 아니다.
확철하게 실상을 깨달으면 안심입명은 보너스로 따라온다.
만약 그러지 않고 안심이 되는 마음자리를 구한다면 오랫동안 끄달
릴 것이다.
분별심이 작동되면 안심이 곧바로 불안이 되기 때문이다.

오래오래 안심자리를 이탈하지 않으려는 각고의 노력이 필요하다. 하지만 연기법 수행을 통해 실상을 깨달으면(반야) 불안이라고 할 것이 없음을 깨닫기에 안심에 집착하지 않는다.

연기법이 싫어요!

—————

모든 것들은 처음부터 존재한 것이 아니다.

원인과 조건들이 모여서 생겨난다.

그 원인과 조건들도 마찬가지로 원인과 조건들로 생겨난다.

성냥불도 그렇게 생겨나고, 자동차도 그렇게 생겨나고, 집도 그렇게 생겨나고……

종이도 그렇게 생겨나고…… 피자도 그렇게 생겨나고…… 빵도 그렇게 생겨나고……

나무도 그렇게 생겨나고…… 꽃도 그렇게 생겨나고…… 열매도 그렇게 생겨나고……

어류도 그렇게 생겨나고…… 조류도 그렇게 생겨나고…… 포유류도 그렇게 생겨나고……

모든 것들이 예외없이 이렇게 생겨난다.

이렇게 생겨난다는 것은 무엇을 의미할까?

모든 존재가 원인과 조건이 갖추어지면 생겨나고, 원인과 조건이 흩어지면 사라진다는 이치를 어찌 외면할 수 있는가?

참으로 단순 명쾌한 연기법 진실이다.

일체가 이렇게 생겨나고 사라진다는 것을 모를 수 없다.

연기법 진실을 받아들이기 어려운 진짜 이유는 다음과 같다.

연기법은 에고의 존재감을 직접적으로 사정없이 파괴하기에 받아들이고 싶어하지 않는다.

연기법 진실이 에고에게는 너무도 가혹하기 때문이다.

마치 사형선고를 내리는 것과 같다.

너무나 소중한 에고(나)를 송두리째 박살내버리는 연기법이 어찌 달갑겠는가?

연기맵이면 누구나 깨닫는다

희망과 구원을 바라고 죽지 않기를 원하는데, 영원히 존재하고픈 소망을 무참히 짓밟아버리는 것 같은 연기법 진실은 달갑지 않다.

하지만 진실은 진실이다.
연기법이 그러하다.
연기법이 어려운 것은 아닌데 연기법 진실은 에고가 수용하기엔 너무나 버겁고 싫다.

따라서 삶을 충분히 경험한 에고가, 삶이 무엇인지를 눈치챈 에고가, 결국 죽음으로 마감할 수밖에 없음을 예감한 에고가 마지막으로 삶 자체(생사)에 의문을 품고서 삶이 과연 무엇인지를 깨닫고자 하는 것이다. 여기에 그 무슨 삶에 대한 미련이나 집착이 있겠는가?

일체를 놓아버린 빈 마음으로 연기법을 사유하면 곧장 깨닫는다.
연기법 수행을 하기만 하면, 누구나 본래가 그러하기에 얼마 지나지 아니해서 깨닫게 된다.
에고는 이미 알고 있다. 연기법을 수행하면 에고가 주인 노릇을 할 수 없다는 것을.

에고가 에고인 채로 죽지 않고 깨닫고 싶다는 망상을 피운다.

그러나 에고에게는 죽음일 수 있겠지만 에고라고 할 것이 없음을
에고가 끝내 받아들이기만 하면, 진실로 거듭나서 일진법계의 실상
을 확철히 깨닫게 될 것이다.

허공 같은 관점

대상을 있는 그대로의 모습으로 바라보려면 기존의 선입견을 모두
비워야 한다.
알게 모르게 나의 의식에 자리한 관념들을 통해서 대상을 바라보기
때문이다.

쉽게 말해서, 생각의 필터(막)를 통해서 대상을 바라본다.
생각의 필터를 내려놓을 수 있다면 대상을 있는 그대로 볼 수 있다.

모든 수행은 있는 그대로를 보지 못하게 하는 '생각의 막'을 벗어나
기 위함이다.

때문에, 먼저 일상에서 어떤 선입견을 가지고 사는지를 살펴보는 것이 핵심이다.

공부인마다 독특한 관점을 가지고 있게 마련이다.
유전자로 물려받은 것과, 태어나 학습한 것들이 서로 엉켜서 형성된 관점(복합적 관념)이다.
이 부분을 성찰하지 않으면 그것들은 더욱 견고해지는 경향이 있고 마침내 난공불락의 성처럼 된다.

이것을 업식이라 한다.
한번 형성된 것은 지속하려는 관성의 힘을 갖는다.
업식이 견고한 상태에서는 실상을 깨닫기 어렵다.
이 부분을 어느 정도 해소하지 않으면 수행 효과를 거두기 어렵다.

스스로의 선입견을 살펴보는 버릇을 들이기만 하면 되는데, 이 부분이 죽는 것만큼이나 어렵다. 아상이 어느 정도 유연해지지 않으면 보려는 시도는 결코 하지 않는다.
왜냐하면 그렇게 하는 것만이 자신을 보호하고 지키는 것이라고 믿는 유아기적 보호본능이 있기 때문이다.

흔히 이런 부분은 '이상한 고집'을 부리는 모습으로 드러난다.

정견이 쉽사리 자리 잡지 못하는 것도 이와 같은 연유이다.

그러나 일단 보기 시작하면 그 자체가 실체가 없는 것이기에 쉽게 극복된다.

그런 선입견을 만들어낸 내면의 핵심 신념과, 그러한 신념을 형성시킨 마음의 상처나 왜곡 등도 볼 수 있다. 스스로의 내면을 탐구해 들어가는 여행도 무척 흥미롭다.

심리학이 이런 부분을 다루고 있기에, 공부인은 심리학적 성과를 통해서 많은 도움을 받을 수 있다(심해탈心解脫).

그렇다면 사물들의 있는 그대로의 모습은 어떤 것일까?

마음이 정화된 상태에서 마지막 장애인 이원적 실체적 관념을 넘어서는 연기법 사유수행을 하면 무관점으로의 관점, 허공 같은 관점이 되고, 바로 그때! 있는 그대로의 모습을 보게 된다(혜해탈慧解脫).

와우! 진여가 펼쳐낸 참으로 경이롭고 신비로운 진여법계, 삼천대

천으로 중중무진 끝없이 펼쳐진 실상세계를 보는 것이 일대사 인연

으로 태어난 이유임을 알 것이다.

본래풍광 本來風光

───●───

삼라만상은 모양 없는[無相] 진여의 현현이다.

순수하고 투명한 참마음(진여)이 갖가지 관념과 이미지와 감정을 만든다.
참마음으로 보지 않고 만들어진 마음으로 보면, 있는 그대로의 삼라만상이 아니라 갖가지 관념과 이미지와 감정으로 물들인(만든) 삼라만상이다.

일체유심조一切唯心造!
일체를 있는 그대로 보지 못하고 분별된 마음으로 보는 것이니 그렇게 바라보는 삼라만상은 분별심이 만든, 즉 분별된 생각을 투사한 삼라만상인 것이다.

단 한 번도 있는 그대로의 삼라만상을 보지 못하고 죽는다.
분별심이 죽어야 볼 수 있기 때문이다.

가을 단풍이, 겨울 눈꽃이 참으로 아름답다.
하지만 본래풍광(있는 그대로의 모습)은 더더욱 아름답다.
황홀하고 황홀해서 말이 끊어진다.
말이 끊어진 그 자리에서 펼쳐지는 황홀한 풍광을 어찌 분별망심으로 짐작하겠는가?

지!금! 여!기!에 펼쳐져 있다.

발심의 결실

이 공부를 시작하는 계기는 다양하다.

삶이 순탄할 때는 삶 자체에 대한 의문은 잘 일어나지 않는다.

문제가 없는 삶 속에서 우리는 남들이 사는 것처럼 그저 사는 것에 몰두한다.

이때 삶의 목표는 세상의 부귀영화를 추구하는 데 맞춰져 있다.

그러다가 순탄한 삶에 시련이 닥치게 되면, 아지랑이 꿈결같은 삶은 처절하고 냉정한 현실 앞에 여지없이 깨어지고 만다.

삶이란 바로 이런 것임을 뼈저리게 체득한다.

그리하여 생존을 위한 정글 법칙만이 전부인 것으로 스스로 세뇌하면서 피도 눈물도 없는 냉혈한으로 살아야 한다고 거듭 다짐한다. 그렇게 살아야 한다고 스스로를 다독이지만 한편으로는 마음이 무겁다.

마음 깊은 곳에 자리한 영혼의 울림이 들려온다.
"그렇게 사는 것만이 전부가 아니라고……"

힘들고 버거운 삶을 어떻게든 이겨내려고 발버둥치며 고통 속에서 쫓기기만 하다가 어느 날 문득, '왜 이렇게 살아야 하지?'에 대한 의문이 솟구쳐 오른다.
반성적 사고가 발현되면서 스스로에게 '왜 사느냐?'는 의문을 던지게 되는데, 그 의문에 사로잡히는 바로 그 시점이 공부에 대한 발심의 계기가 된다.

이런 의문이 형성되고, 그 의문에 사로잡혀 의문을 풀지 않고는 어떤 것도 무의미하게 느껴져서, 오직 이 문제를 풀고자 하는 열망에 사로잡히는 것은 나이에 관계없어 보인다.
다만 이 의문에 일찍 사로잡힌 사람이 참된 스승을 만나지 못하면 구도의 여정이 무척이나 지난하고 길어진다.

결국 구도자는 내면의 갈증으로 스스로의 길을 그렇게 간다.
내면의 목마름이 해소되기 전에는 결코 포기하지 않는 여정이다.
이 여정에서 수행자들이 모인 도道판 역시 다양한 인간들의 집합체
임을 새삼 느끼게 되면서, 이미 겪은 삶의 씁쓸함을 거듭 맛본다.

'아! 이제 이짓도 그만하고 싶다'는 전면적 포기가 일어나면서, 문
득 푸르고 맑은 창공이 눈앞에 드러난다.
그토록 목마름에 시달리며 찾고 찾았던 것이, 의외로 찾는 노력이
내려놓아지면서 지!금! 여!기!에 드러난다. 발심으로 시작한 구도여
정이 결실을 맺은 것이다.
그동안의 여정이 분별심 쪽으로만 찾고 구하는 방식이었기에, 그
분별심이 완전 연소되어 소멸될 때까지 지속된 것이다.

마침내 구도여정을 끝낸 사람은 다른 구도자의 공부여정을 조금이
라도 앞당겨 끝마치게 해주려고 애를 쓴다.
자신이 겪은 아픔과 힘듦을 최소화하고, 분명하고 건강한 수행방법

으로 깨어나도록 정성을 다한다.

발심은 깨달음을 낳는다. 그리고 이러한 깨달음은 발심을 잉태한
구도자가 편하게 깨어나도록 선순환을 이룬다.

Ⅱ

연기법을 사유하는 방법

연기법 사유수행

초급

연기법 사유의 첫걸음

첫걸음이 매우 중요하다.

운동을 배울 때 기본적인 동작을 제대로 익혀야 하듯이.

'어떻게 시작하느냐?'가 성공 여부를 결정짓는다.

연기법을 어떻게 사유해야 할까?

지금 존재하는 것은 원인과 조건들로 말미암아 생겨난 것이다(이것이 전부이다).

이 말은 원인과 조건들을 찾아보라는 것이 아니다.

나를 포함한 삼라만상은 처음부터 존재한 것이 아니고, 반드시 그럴 만한 원인과 조건들 때문에 생겨났음을 말하는 것이다.

원인과 조건들이 모여서 생겨난 것이라면?

그렇게 해서 생겨난 것이라면?

그런 원인과 조건을 부여하면 생겨나고 그렇지 않으면 존재하지 않는 존재라면?

나를 포함한 삼라만상은 본래부터 존재하는 것이 아니다.

원인과 조건들에 의해서 생겨났다가 사라졌다가 하는 환영 같은 존재이다.

원인과 조건들도 또 다른 원인과 조건들로 생겨나기에, 끊임없이 변하는 환영 같은 존재이다.

존재하는 것 같은데 원인과 조건들의 총합으로 된 것이니 그 존재는 원인과 조건으로 해체된다.

그 원인과 조건들도 또 다른 원인과 조건으로 해체된다.

결국, 있다고 할 것이 몽땅 해체되어버린다.

이것을 빈 존재[공空]이라고 한다.

존재하는 것이지만 사실은 존재한다고 할 것이 없는 환영 같은 존재인 것이다!

연기법은 이렇게 사유해야 한다.

연기법 사유는 이런 식으로 접근해야 한다.

호기심 가득한 마음으로

●————————●

연기법을 냉랭하게 이성적으로 파고들어가는 것만으로는 부족하
다. 그렇게 하면, 연기법에 대한 이해는 깊어지지만 무언가 좀 부족
하다.

연기법을 공부하는 것 자체가 무척 흥미롭고 가슴 벅차야 한다.
마치 사랑하는 사람을 만날 때 느끼는 감정과 같은 것이다.

님을 보고 싶은 마음이 절절하면 보는 즉시 황홀하듯이, 연기법을
공부함에 있어 그런 마음 상태로 하면 그 즉시 깨달음의 엑스터시
(법열)가 일어난다.

차분한 상태로 냉정하게 공부하기보다는 즐거운 마음으로 공부할
때 마음이 활짝 열린다.
마음은 이성과 감정이라는 두 측면으로 이루어져 있기 때문이다.

억지로 하는 공부로는 안 된다.
타성에 젖은 공부, 무거운 마음가짐으로는 결코 깨달을 수 없다.

최상의 컨디션으로

연기법 사유수행은 생각이 고요한 상태에서 하는 것이다.

생각이 고요하려면 근심 걱정을 내려놓아야 한다.

근심 걱정을 내려놓으려면 마음을 맑게 해야 한다.

마음을 맑게 하려면 일상에서 몸과 마음이 바르고 건강한 삶이어야 한다.

본격적인 연기법 사유수행은 숲속에 홀로 있는 듯한 상태에서 한다. 반드시 홀로 고요히 깨어 있는 시간에 연기법의 이치를 깊이 사색하는 것이다.

의식이 온전히 몰입된 상태에서 연기법을 차분하게 사유해 들어가야 한다. 만약 그런 상황이 아니라면 유보하라.

이러한 최적의 의식상태를 유지하기 위해서는 몸의 컨디션이 상쾌해야 한다.

따라서 잠도 적당하게 자고 음식도 적당하게 먹어야 한다.

사유는 심상(이미지)으로 하게 된다.

따라서 연기법 이치에 따른 사유수행은 이미지를 떠올려 마음으로 실행하는 것이다.

그래서 마음이 고요한 상태에서 행하는 것이다.

여기까지가 연기법을 수행하기 위한 준비과정이다.

연기법이 깨달아지지 않는 이유는 준비과정이 충분하지 않기 때문이다.

결국 몰입이 잘 되어야 한다. 몰입의 깊이는 간절한 마음, 절실한 마음에 달려 있다.

자, 그럼 연기법을 사유해보자.

눈앞에 펼쳐진 모든 존재와 내면에서 생겨나고 사라지는 모든 의식현상들이 모두 원인과 조건들로 말미암아 생겨나고 사라진다.

원인과 조건들로 인해서 생겨나고 사라진다면……

원인과 조건들로 말미암아 생겨나고 사라진다면……

원인과 조건들이 모이면 생겨나고, 원인과 조건들이 흩어지면 사라지는 것이라면……

그 원인과 조건들도 또 다른 원인과 조건들로 말미암아 생겨나고 또 그 원인과 조건들도 그렇게 생겨나는 것이라면, 온 우주의 모든 것들이 서로가 서로에게 원인과 조건이 되어 서로를 생겨나게 한다.

따라서, 원인도 딱히 원인이라고 할 만한 것이 없고(비었고), 조건도 딱히 조건이라고 할 만한 것(실체)이 없다. 눈앞에 버젓이 존재하는 것들이 존재한다고 할 만한 것(실체)이 없다.

참으로 기가 막힌다.

여태까지 정말로 존재한다고 여기던 것들이 헛것들이다.

이런! 눈앞에 있는 저것들이, 저렇게 생생한 존재들이 허깨비라니!

저것들이 정말로 존재한다고 철석같이 믿고 살아왔는데 환영 같은 것이라니!

연기법을 사유하는 방법

지금까지 전도된 망상을 진실이라고 착각하고 살아오다가 연기법을 통해서 실상(진실)을 있는 그대로 볼 수 있는 안목이 생긴 것이다.

나를 포함한 우주는 연기된 환(꿈) 같은 현상임이 밝혀지는 순간이다.

연기법이면 누구나 깨닫는다

연기법 사유수행

중급

오직 진실을
알고자 하는 마음으로

우리는 눈앞의 사물들이 정말로 존재하는 것이라고 믿는다.

그런 믿음으로 우리는 삶을 살아간다.

그 믿음을 단 한 번도 의심해보지 않았다.

어떻게 의심이 들겠는가?

간혹 지나온 삶이 꿈같다는 느낌은 든다.

모든 것들이 덧없다는 생각도 든다.

삼라만상이 끝없이 변하고 나도 언젠가 죽으리라는 것도 안다.

그럼에도 삶의 현장이 진짜라는 믿음은 깨어지지 않는다.

이따금 이 굳건한 믿음이 흔들리는 때도 있지만, 이내 지금까지 믿어왔던 것을 다시금 움켜잡는다.

난공불락의 요새와 같다.

그러나 굳건한 믿음도 진실 앞에서는 무너지게 되어 있다.

진실이 밝혀지는 순간, 지금까지 믿어왔던 것들은 망상이었음이 드러난다.

하지만 참으로 진실을 원하는 사람이 아니면 진실을 외면하고 싶어진다.

왜냐하면, 지금까지 그렇게 믿고 살아온 모든 것들이 송두리째 흔들리고 뿌리 뽑히는 충격을 피하고 싶기 때문이다.

진실을 알고 싶다는 마음보다는 진실로 인하여 나의 기반이 흔들리는 것 같은 두려움을 피하고 싶은 것이다.

진실을 직면하기가 여간 어려운 것이 아니다.

진실을 깨닫고 싶으면서도, 한편으로는 진실을 외면하고 싶은 것이다.

그런데도 공포영화에 대한 묘한 끌림이 있듯이, 진실을 깨닫고자 하는 마음이 분명히 느껴진다.

그 간절함이 목에 찰 때 비로소 죽어도 좋다는 각오가 생기면서 이
공부에 달려들게 된다.

세상사에 대한 염증으로 모든 것이 덧없음으로 여겨질 때, 일체의
생각들이 내려놓일 때 의식은 잠잠해진다.

깨닫기 좋은 때이다.

세간에서처럼 획득하려는 마음가짐으로는 깨닫기 어렵다.

깨닫기 위해선 깨달음에 집착하는 마음을 내려놓아야 한다.

욕심으로 접근하면 안 된다.

오로지 순수한 마음가짐으로 다가가야 깨달음의 문은 쉽게 열린다.

간절한 마음으로 살펴보자

연기법은 사유수행이다.

사유수행이란 생각을 하는 것이다. 그 생각은 점차로 깊어져야 한다.

깊은 생각이란?

연기법의 이치를 깊게 생각하는 것을 말한다. 그렇기 때문에 사유하는 것을 좋아해야 한다.

사유하는 과정에서 연기법에 대한 이치가 통달되고, 통달되는 과정이 사유가 심화되는 과정이다.

이 과정에서 새로운 앎이 생긴다.

마치 창의적인 아이디어가 떠오르듯 '번쩍하는 앎'이 생겨난다.

각성과도 같은 앎이 불현듯 자각되면서 지금까지 실체로 여겼던 존재들이 환(꿈) 같은 비실체적인 존재라는 통찰이 일어난다.
마치 꿰뚫어보는 느낌이다. 의식 전체가 새로운 앎으로 각성된다.

집요하게 연기법 이치를 사유해 들어가면 처음에는 연기법을 이해하게 되고 그 이해가 더욱 깊어지면서, 여태까지 생각하던 것과는 질이 다른 차원의 앎이 생겨난다.
그렇다고 특별한 것은 아닌데 우리가 어떤 부분을 골똘히 생각하고 파고들면 의외의 답을 발견하는 것과 유사하다.
너무나 간단해서 딱히 수행이라고 할 것이 없을 정도이다.
눈앞에 보이는 존재의 생성과정을 있는 그대로 살펴보는 것이다.

사과가 처음부터 존재한 것은 아니다.
'그것이 어떻게 생겨났는지?'를 차분하게 짚어보는 것이다.
'사과나무만 있다면 사과가 달리겠는가?'라고 생각해보면, 사과나무가 있어야 하는 것은 당연하지만 그외의 모든 것들이 함께해야 한다는 것을 스스로 알게 된다. 함께한 원인과 조건들이 없다면 사과는 생겨나지 않았을 것이고, 함께한 원인과 조건들도 마찬가지로 그렇게 해서 생겨난 것이다.

이 부분을 매우 차분하게 골똘히 생각하는 것이다. 원인과 조건들이 모여서 생겨나고 원인과 조건들이 흩어지면서 사라지는 모습을 이미지로 그려보는 것이 연기법 사유수행이다.

너무나 단순해서 도무지 수행이라고 여겨지지 않는다.

이러한 까닭에 이해 수준에서 연기법을 그치고 만다.

이 부분을 인내심으로 극복하고 지속적으로 사유해 들어가기만 하면 의외의 통찰이 일어난다.

나에게 심각한 문제가 생기면 어떻게 하는가?

그것을 해결하기 위해 집중하고 곰곰이 생각하지 않는가?

연기법 사유수행도 그렇게 하면 된다.

생사문제가 그 얼마나 심각한 것인가? 그 문제를 해결하지 않고 어떻게 살아가겠는가? 그러니 간절하지 않으면 이 문제를 풀기 어렵다.

사유를 거듭할수록 더욱 깊은 이해가 생기고, 그 과정에서 연기법적인 사유가 익혀지면서 이원적 사고방식은 연기적 사고방식으로 전환된다.

무명無明은 이원적 사고방식에서 비롯된 것이다.
사고방식이 연기적으로 바뀌면 존재의 참모습을 깨닫게 되고 마음은 저절로 자유로워진다.
일체가 원인과 조건들로 말미암아 생겨났다 사라지는 현상에 불과하다는 것을 꿰뚫어보게 된다.

일체의 존재가 환(꿈) 같은 존재임이 밝혀지면서, 생사를 실체시하며 생겨난 망상적인 고통은 터무니없는 허구였음이 드러난다.

연기법 사유수행의 핵심은 마음가짐이고, 마음가짐은 간절함에 달려 있다.

원인과 조건들로
말미암아

———————•———————

원인과 조건들로 인해 생겨난 것은 '생겨났다'고 할 수가 없다.
'생겨났다'라고 하려면, 생겨났다고 할 만한 것이 있어야 한다.
독립적인 존재여야 한다.
고정된 모습의 존재여야 하고 언제나 변치 않는 실체여야 한다.

하지만 원인과 조건들이 모여서 생겨나고, 그 원인과 조건들 또한
다른 원인과 조건들이 모여서 생겨난 것이기에, 원인과 조건들은
일정치 않고 끝없이 변한다.
늘 변하는 원인과 조건들로 생겨난 것이기에 그렇게 생겨난 것도
마찬가지로 늘 변한다.

똑같은 모습으로 존재하는 것처럼 보이는 것들도 마찬가지이다.

한순간도 한 찰나도 고정된 모습이 아니다.
매 순간순간 매 찰나찰나 변하는 존재이니 존재한다고 할 수가 없다.
이런 것이 존재한다고 규정짓는 그 순간, 이미 다른 모습의 존재로
변하기 때문이다.
단 한순간도 고정되어 있지 않는 것을 존재한다고 할 수가 없다.

이러한 존재를 환(꿈) 같은 존재라고 부른다.
존재하는 것 같은데 존재한다고 할 수 없는 존재이다.
존재한다고 할 수도 없고, 존재하지 않는다고 할 수도 없다.

있다고 할 수도 없고, 없다고 할 수도 없다.
말(생각)로 표현할 수 없는 존재이다.
언어도단言語道斷이고, 심행처멸心行處滅이다.
이것을 연기적 존재라 한다.

무아無我, 공空, 환幻, 무생無生 등으로 이름한다.

연기법과 인과법의 차이

———•———•

많은 사람들이 연기법을 인과법因果法과 혼동한다.
이것은 연기법을 겉핥기식으로 이해한 탓이다.

대체로 공부 초기에, 연기법에 대한 설명을 듣게 되면 곧잘 인과법
으로 오해하는 경향이 있다. 이유는 생각방식인 이원적 인식으로
받아들이기 때문이다.

즉, '이것이 있으므로 저것이 있다!'라는 연기법 공식을 인과적 개
념으로 받아들이면서 '이것이라는 원인에 의해서 저것이라는 결과
가 있게 된다!'고 이해한다.

연기법을 이렇게 이해하면 오해가 된다.

연기법은 '이것과 저것이 서로서로 원인이 되고' '이것과 저것이 서로서로 결과가 된다'는 의미이다.

간단하게는 '상호의존'이라 한다.

상호의존이기에 어떤 것이 원인이 되어 나타난 것이 결과라는 인과법과는 다르다.

연기법은 원인과 결과로써 설명하지만, '원인이 곧 결과요!' '결과가 곧 원인임!'을 밝히는 것이다.

간단하게 말하자면, 원인과 결과가 같다는 '인과동시因果同時' 관점이다.

만약 여기에 생각이 끼어들면 시간 개념이 생겨나면서, 인因이 먼저요, 과果는 나중이 된다.

간단하게 말하자면, '원인과 결과가 다르다'는 의미의 '인과이시因果異時' 관점이다.

물론 연기법은 인과법을 포함한다.

연기법이라는 진실을 시공간이라는 현상세계에서 생각방식으로 파악하는 것이 인과법이다.

이러한 차이를 면밀하게 살펴야 비로소 연기법의 진실에 다가설 수 있다.

원인과 조건으로
생겨났다는 것은

나는 본래부터 존재한 것이 아니라 생겨난 것이다.

생겨나기 전에는 존재하지 않았다(현상적 존재 차원에서).

존재하지 않던 나는 어떻게 생겨났는가?

부모님이 나를 낳은 것인가?

그렇다면, 부모님만으로 내가 생겨날 수 있어야 한다.

부모님 이외의 것은 필요가 없어야 한다.

하지만 부모님 또한, 다른 것들이 없다면 존재할 수가 없다.

숨을 쉬어야 하고 밥을 먹어야 하고 살아갈 수 있는 환경이 있어야

한다.

나는 부모님과 주변 환경적 요소가 함께해서 생겨난 것이다.

수많은 원인과 조건들이 함께해서 생겨난 것이다.
원인과 조건들이 모인 것이 결과이기에 원인(조건) 그대로 결과이다.
나라고 할 것은 원인과 조건들의 모임이다.
나는 지수화풍의 모임이다.
그 원인과 조건들을 원래대로 되돌리면 나는 없다.
부모님이 낳았다고 생각하는 것은 그외의 원인과 조건들을 배제한
것이다.
부모님이 원인이 되고 나는 결과라고 생각하면서, '원인이 시간적
으로 앞서 있고 결과는 나중[因果異時]'이라고 생각하는 것이 실체
적 사고이다. 그렇게 되면, 원인이 따로 존재하고 결과가 따로 존재
한다고 착각하게 된다.
그러나 연기법을 공부하다 보면, 원인이 결과로 이어지는 것은 아
니지만 상속相續된다는 말에는 고개를 끄덕일 수 있다.
상속을, '원인이 결과로 이어지는 것도 아니고 끊어지는 것도 아닌
것[不常不斷]'으로 설명하는데, 정확한 설명이 아니다.
그러한 설명은 그럴듯하지만 여전히 상속된다는 '흐름'이라는 관념

에서 벗어나지 못하게 한다. 실체가 있어서 이어지는 것은 아닐진대, 원인의 영향력이 결과에 미친다는 생각 때문에 여전히 생각의 흐름이 끊어지지 않는다.

"이어진다고 할 것도 없고, 끊어진다고 할 것도 없다"라고 해야 한다.
왜냐하면, 그 자체가 환(꿈)이기 때문이다.
그렇게 일체의 존재가 환(꿈) 같다는 것을 분명히 해야 한다.

이어지고 끊어진다고 할 것이 없는데, 수많은 원인(조건)들이 함께하면서 상속하는 것으로 여겨진다. 나도 어린 시절부터 지금까지 상속한 것이고, 산불도 이 산에서 저 산으로 상속한다. 바로 이 상속(흐름)한다는 개념이 환(꿈)임을 분명히 해야 하는 것이다.

존재하는 것은 매 찰나 생멸하는 오온五蘊의 흐름일 뿐이라고 설하는 까닭은, 오온이라고 할 것도 없고 흐름이라고 할 것도 없기 때문에 생도 없고 사도 없음을 설하는 것이다.

연기법은 일체의 존재가 무생無生임을 깨닫는 것이다.

빌딩은 어떻게 생겨났는가

커다란 빌딩이 있다.

오랫동안 공사를 하여 빌딩이 완공되었다.

하지만 처음부터 그 빌딩은 그렇게 존재한 것이 아니다.

수많은 것들이 모여서 빌딩이라는 결과가 되었다.

결과에 해당하는 빌딩은 별개로 존재하는 것이 아니라 수많은 것들이 함께한 것뿐이다.

빌딩의 모습으로 보이긴 하지만 딱히 빌딩이라고 할 것이 따로 존재하는 것은 아니다.

빌딩은 수많은 것들이고 수많은 것들은 곧 빌딩이다.

수많은 것 중의 하나하나도 또 다른 수많은 것에서 생겨난 것이고,
그것들도 또 그렇게 생겨난 것이다.

우주의 모든 것들이 다 그렇게 생겨난 것이다.
생겨나긴 했지만 생겨났다고 할 수가 없다.
빌딩이 그 자체로 고유한 존재가 아니라 수많은 재료들의 합에 불
과하기 때문이다.
빌딩은 비었다.
빌딩이라고 할 실체가 비었다.
이름만 빌딩이라고 할 뿐이다.
빌딩의 재료들도 마찬가지로 재료라고 할 실체가 비었다.

그러니 빌딩이 환(꿈)이다.
견고한 존재, 진짜 같은 빌딩이 꿈(환)이다.

연기맵이면 누구나 깨닫는다

생각 자체가
연기된 것이다

———•————————•———

있음은 없음에 의존하여 성립하는 의미이고, 없음은 있음으로 말미
암아 성립한다.
상호의존하여 생겨난 개념일 뿐, 본래부터 실재하는 것이 아닌 환
(꿈) 같은 의미인 것이다.

대립되는(상대적인) 있음과 없음을 동시에 내려놓으면, 선과 악을
동시에 내려놓으면, 오고 감을 동시에 내려놓으면, 더럽다와 깨끗하
다를 동시에 내려놓으면, 늘어난다와 줄어든다를 동시에 내려놓으
면……
거기에 '멍~' 아니면 '본래면목'이 드러난다.

가볍게 생각하면 표면적인 의식의 내용이 빈 의식(멍)으로 드러날 것이고, 깊게 사유하면 바탕의식(본래면목)이 드러날 것이다.

곰곰이 철저히 분석하는 사유가 반야지혜로 나아가는 원동력이다. 그런 의미에서 연기법은 분석적 방법이라고 한다.

일상에서 경험하는 통찰도 곰곰이 사유하는 과정에서 생겨난다. 연기법을 건성건성 대충대충 넘기지 않고 깊게 사유하면 존재의 실상인 공성空性을 깨닫게 된다.

연기법 사유수행

고급

알고 있다는 생각을
내려놓고

불교를 접해본 사람이면 연기법이 무엇인지 대략적으로 이해하고
있다.
하지만 거의 피상적인 수준이다. 때문에 연기법을 정확하게 모른다
고 할 수 있다.

한편으로는 이미 연기법에 대하여 알고 있다는 생각이 더 깊이 공
부하는 것을 방해한다. 그래서 많은 사람들은 그만한 정도의 이해
수준에서 만족해하고 더 이상 파고들지 않는다.

때문에 공부에 진전이 없다고 여겨지면, 이미 알고 있다고 여기는

기초적인 부분들을 철저히 다시 한 번 더 점검할 필요가 있다.

중요한 점은, 이해의 정도를 아주 완벽한 수준으로 파고들면 그러한 이해의 정점에서 돌연 깨달음이 일어난다는 것이다!

마치 나무를 열심히 문지르면 마침내 불꽃이 일어나듯이!

이러한 부분이 비결이라면 비결이다.

연기는 이해로 시작하지만, 그러한 이해를 바탕으로 깊이 사유할 때 깨달음이 일어난다.

물론 서서히 자연스럽게 변화가 일어나기도 하고 일시에 의식의 변화가 생길 수도 있다.

만약 그렇지 못하면, 연기법은 피상적인 이해 수준에 머물고 있음을 자각해야 한다.

연기법에 의해 깨닫지 못했다면, 아직은 연기법이 무엇인지 모른다고 할 수 있다.

이미 알고 있다는 생각이 새로운 앎(깨달음)이 드러나지 않도록 방해한다.

연기법을 사유하는 방법

지금까지 안다고 여긴 것을 내려놓을 수 있는 겸허함이 필요하다.
나의 고정된 관점을 비워야 뜻밖의 새로운 관점이 열린다.

차분하게 살펴보자

●━━━━━━━━●

불교의 창시자 고타마 싯다르타는 6년 수행 끝에 원하는 답을 얻지 못하고 결국 스스로 찾기로 결심한다.

위파사나(Vipassanā, 관법)이다. 이전에는 사마타[止, 定] 수행을 했다.

통상 '바라보기'라고 알려진 이 수행법은 관찰수행을 말한다.

무엇을 바라본다는 말인가?

모든 존재들이 어떻게 생겨나고 소멸하는가를 관찰하는 것이다.

먼저, 전체적인 그림으로는 제행무상諸行無常이다(모든 것이 변한다).

논리적으로 설명할 때는 삼법인三法印으로 연기법의 핵심을 전달할 수 있다.

하지만 구체적으로 연기법을 사유하는 수행으로서는 이러한 설명은 다소 부족하다.

연기법을 사유한다는 것은 모든 존재방식을 있는 그대로 살피는 것이다. 달리 말하자면 '실체적 사고 → 과정적(연기적) 사고'로 사고방식의 전환을 꾀하는 것이다.
'분별적 사고방식 → 통찰적 사고방식'으로 전환시키는 것이다.
이런 점에서 석가의 연기법은 기존의 사고방식을 전환시키는 혁신이다.

이러한 실체적 사고방식을 고착시키는 것이 인간이 쓰고 있는 언어에서 비롯되었다고 지적한 것은 나가르주나[龍樹]이다(중론).

연기법 수행은 우리의 이성적 사고에 가장 자연스럽게 연결된다.
이러한 점이 여타 수많은 수행과 차별된다.
굳이 힘들게 다리를 꼬고 용쓰지 않아도 된다.
한마디로, 생각만 할 줄 알면 얼마든지 가능한 수행이다.
굳이 수행이라고 할 것도 없다!

그럼 구체적으로 어떻게 하는 것인지를 살펴보자.

사과가 있다.
이 사과는 어떻게 해서 이같이 생겨났는가?
통상 사람들은 사과나무에 싹이 틔어 사과가 열린다고 생각하고
만다.
물론 생태적인 유기적 관계를 떠올리기도 하지만 가볍게 지나치고
만다.
연기법 사유의 핵심은 사과가 어떻게 생겨나는지를 세세하고도 구
체적으로 관하는 것이다.

한 알의 사과는 사과나무만 가지고서는 결코 존재할 수 없다.
사과나무는 물론이고 공기, 태양 에너지, 땅속 영양소, 농부의 노력
등 많은 요소들이 함께해야 가능하다.
결국 한 알의 사과는 이러한 수많은 요소가 함께한 결과이다.

나아가 구체적으로 살펴보면, 사과나무는 또한 수많은 요소들이 함
께한 산물이다.

이렇게 각각의 요소들 또한 마찬가지로 수많은 요소가 함께한 결과이다.

더욱 외연을 넓혀 이것을 자세히 살펴보면, 결국 우주의 모든 것들이 지금 이 순간 여기에 있는 사과 한 알에 작용하여 형상화한 것임을 알 수 있다.

이렇듯 연기적 사유라는 건 별다른 게 아니다.

우리의 오관에 지금 당장 직접적으로 관찰되지 않는 부분을 사유를 통해 살펴보는 것이다. 이렇게 하는 행위가 곧 수행이다.

이러한 방식의 관찰은 본래의 존재생성 과정을 있는 그대로 살펴보는 것이기에 진실에 합당하다.

동시에 이같이 사유해보는 것 자체가 우리의 사고방식인 이원적 구조를 전면적으로 전환시킨다.

그리하여 어느 순간에는, 실체적인 이원적 사고가 비실체적인 통합적인 사고로 바뀐다.

이를 두고 반야지혜가 생겼다고 한다.

이는 한마디로 존재의 실상(참모습)이 무엇인지를 꿰뚫어보는 눈을 갖추었음을 말한다.

연기법 사유 그 자체가 수행이다.

결코 가볍게 여기지 말고 연기법을 깊게 심화해나가면 어느새 깨달아 있는 자신을 발견한다.

이렇게 강력하고도 자연스러운 수행법을 외면하는 이유를 알 수가 없다. 아마도 너무나 쉽기 때문에 거들떠보지도 않는 것이리라 여겨진다.

물론 이 수행법은 분석적인 사유가 발달한 사람에게 알맞다고는 한다. 그래서 직관이 발달한 한자 문화권에서는 오히려 어렵게 여겼다 한다.

하지만 지금 이 시대를 살아가는 사람들에게라면 꼭 맞는 수행법이라고 할 수 있다. 학교 교육에서 논리적이고 분석적인 사고방식을 훈련받고 성장하기 때문이다.

개인적으로 어떤 수행법만을 고집하지는 않지만, 연기법 사유수행을 꼭 권하고 싶다.

곰곰이 살펴보자

연기법은 개체가 생겨나고 사라지는 과정을 살펴보는 것이다.

사과가 어떻게 생겨나는지를 살펴보자.

사과나무에서 사과가 생겨나긴 하지만, 사과나무만으로는 사과가 생겨날 수가 없다.

태양과 공기와 땅과 영양분과 농부와 사계절과 낮밤과 적절한 기온과 기압 등등이 함께해야 한다.

그러한 것들은 지구가 있어야 하고, 지구는 태양계가 있어야 하고, 태양계는 은하계가 있어야 하고, 은하계는 우주가 있어야 한다.

결국 우주의 모든 것들이 함께 참여하여 만들어낸 것이 사과이다.

사과나무만으로 생겨난 것이 아니라, 우주의 수많은 것들이 원인과 조건으로 참여하여 생겨난 것이다.

사과 속에는 우주의 모든 것들이 들어 있다.

사과는 다른 것들과 모양으로 구분되지만, 다른 것들과 내용으로는 구분할 수가 없게 된다.

사과 아닌 것들이 모여서 사과가 되었기 때문이다.

이렇게 생겨난 사과를 무엇이라고 해야 할까?

기존에 알고 있던 사과와는 전혀 다른 사과이다.

사과는 사과일 수밖에 없다는 실체로서의 관념이 허물어지고, 우주의 모든 것들이 모여서 지금 이 순간에 임시로 나타난 모습이 사과이다.

'사과가 무엇일까?'라고 찾아보면, 우주의 수많은 원인과 조건들로 환원된다.

우주의 수많은 원인과 조건들이 모여서 사과 모양으로 나타난 것이다.

그렇게 생겨난 모양을 사과라고 할 뿐인데 이름을 붙이면서 이름에 해당하는 이미지가 머리에 새겨지고 이름에 해당하는 사과가 또다시 관념이 형성되면서 사과가 정말로 실재하는 느낌을 갖게 한다.

이렇게 생겨난 사과이기에 사과라고 할 것이 딱히 없다.
사과는 수많은 원인과 조건들로 형성된 것이니, 굳이 사과가 뭐냐고 찾아보면 수많은 원인과 조건들이다. 그리고 수많은 원인과 조건들도 역시 수많은 원인과 조건들로 생겨난 것이다. 그렇게 거듭거듭 원인과 조건들로 말미암아 생겨나고 사라지는 현상이 우주이다.

따라서 일체의 존재는 연기법칙으로 생겨나고 사라지는 현상적 존재이다.
실체가 없는 존재이기에 환(꿈) 같은 존재이라고 한다.
원인과 조건이 모이면 생겨나고 흩어지면 사라지는 존재현상에 불과하기 때문이다.
환(꿈) 같은 존재현상을 빈 존재[空]라고 하는데, 실체라고 할 것이 비어 있기 때문이다.
또한 무아無我적인 존재라고도 한다. 역시 실체라고 할 것이 없기 때문이다.

실체는 변치 않는 것을 말하는데, 원인과 조건들이 모여서 생겨나기에 변치 않는 고정불변의 알갱이가 있을 수 없다.

나를 포함한 일체의 존재들이 환(꿈) 같은 무아적인 존재임을 깨닫는다면 자유로워진다.
태어남도 죽음도 환(꿈)이다. 천당도 지옥도 환(꿈)이다. 오고 감도 환(꿈)이다. 윤회도 환(꿈)이다.
그 얼마나 자유로운가?
본래부터 자유로운 존재였건만 연기법을 모르는 무명으로 괜히 가슴을 졸이며 살았던 것이다.

연기법 공부는 일체가 환(꿈) 같다는 것을 깨닫는 것만으로도 해탈이다.
그러나 공부인에 따라서는 '환(꿈)의 근원은 무엇일까?'라는 의문으로 이어지기도 한다.
환(꿈)을 생겨나게 하는 재료(근원, 진여眞如)에 대한 궁금증이다.
한편 연기법을 이해하는 수준에서는 일체가 환(꿈) 같은 것이라는 가르침이 자칫 허무한 생각을 갖도록 할 수도 있다.

'모든 것이 환(꿈)이라면? 열심히 살아야 할 이유가 있겠는가?' 하는 것이다.

삶을 위한 깨달음이 되지 못하고, 삶의 의미를 상실하는 공부가 된다.

뱀을 잡으려다 뱀에 물리는 꼴이다.

사실 연기법을 확철하게 깨닫고 보면 환(꿈)의 바탕까지 드러난다.

허공 같은 바탕(진여)에 환(꿈) 같은 현상이 있음을 보게 되고 그것은 진여의 현현임을 깨닫는다.

진여가 환(꿈)으로 드러난 것이니, 환(꿈) 그대로가 진여이다.

다만, 환(꿈)의 모양을 실체시하지 않으면, 모양을 벗어나면 모양 그대로가 진여이다.

무형상의 진여와 모양으로 드러난 진여이니, 오직 진여(마음)뿐이다.

우주도 진여의 바탕에서 생겨난 한 점에 불과하다.

바르고 건강한 깨달음은 무아인 진아(진여)로서 주인된 삶을 활기차게 살아가는 것이다.

환을 깨닫고 있는 앎

모든 것은 원인과 조건으로 말미암아 생겨나고 사라지는 것이다.
그러니 그 모든 것들은 참으로 존재하는 것이라고 할 수 없다.

임시로 일시적으로 생겨난 현상에 불과하다.
간단하게 말해서, 꿈같고 환 같고 거품 같고 그림자 같고 이슬 같고
번갯불 같은 것이다.
연기법 수행을 하면 실체적인 존재가 아니고 비실체적인, 즉 환(꿈)
같은 것임을 보게 된다.
하지만 환(꿈)이라는 가르침은 실체시하는 착각(망상)을 깨부수기
위한 것이다.

따라서 환(꿈)이라는 가르침이 최종적인 진실은 아니다.

연기법을 더욱 깊이 수행하면 환(꿈)이라는 생각(개념)마저 넘어서
게 된다.
연기법의 끝자락에서 드디어 생각(개념)의 뿌리까지 끊어진다.

생각의 뿌리가 끊어지면 모양 없는 진여가 드러난다.
모양 없는 진여의 묘용으로 만법(삼라만상)이 현현한다.

진여의 묘용으로 드러난 만법을 실체시하는 것이 무명업식無明業識
이다.
하지만 묘하게도 무명업식도 진여의 묘용으로 생겨난 것이니……
그것 참!

환이라는
생각도 넘어서야

주관과 객관이 본래 한바탕이다(무명 상태에서는 따로인 것처럼 여겨지지만).

한바탕에서 주관과 객관이 서로 의존하여(의타기依他起) 분화된 것이기에 실체가 없다.

주관이라고 할 것도 없고, 객관이라고 할 것도 없다.

한바탕인 마음(진여)에서 연기된 것이다.

한바탕인 진여를 깨닫기 전에는, 종소리가 따로 있고 그 종소리를 듣는 내가 따로 있다고 여긴다.

연기법을 수행하면 종소리도 환 같고 종소리를 듣는 나도 환 같다는 것을 깨닫게 된다.

일체가 환 같다는 것을 깨닫지만 그 환의 바탕(진여)까지는 보지 못하는 수준에 머물 수도 있다.

이때, 일체가 환임을 깨닫고 있는 마음(진여)을 의식하면(회광반조), 곧장 진여를 깨닫게 된다.

그리하여 일체가 진여의 바탕에서 환으로 드러난 모습임을 보게 된다.

물론 일체가 환임을 분명하게 꿰뚫어보면 환의 바탕까지 보게 된다.

환의 바탕을 보는 것은 따로 있지 않다.

바탕 자체의 앎(봄)이다.

바탕 자체의 앎으로 스스로를 보고 아는 것이다.

스스로가 스스로를 보고 아는 것을 견성見性이라고 한다.

보는 놈과 보이는 것이 다르지 않고, 듣는 놈과 소리가 다르지 않고,

말하는 놈과 말이 다르지 않고, 생각하는 놈과 생각이 다르지 않다.
또한 그러함을 스스로가 보고 안다.

연기법은 주인의식으로
살아가게 한다

연기법을 사유하면, 모든 것들이 이치로 생겨나고 사라진다는 것을 터득하게 된다.

이치에 의해서 우주가 작동한다고 하는 것은, 알 수 없는 전지전능한 신이 우주를 움직인다고 생각했던 신 중심의 생각에서 벗어나는 것이다.

그리하여 복 달라고 비는 어리석은 행동을 멈추고 스스로 원하는 바를 성취하려는 노력을 하게 된다.

우리는 (알게 모르게) 노력을 투자하지 않고 횡재하기를 바라는 무의식적 습관이 있다.

아마도 어릴 적 부모님이 보살피고 베풀어준 것들을 지금은 성인임에도 불구하고 스스로 해결하지 않고 기대는 유아기적 심리 상태에서 말끔히 벗어나지 못한 때문이다.

원하는 바를 이루기 위해서는 그럴 만한 원인과 조건들을 부여해야 한다.
물론 그렇게 했다고 해도 1백 퍼센트 되는 것은 아니다.
왜냐하면 수많은 원인과 조건들이 함께 작동하기 때문이다.
그래도 부단히 최선의 노력을 하는 수밖에 없다.
그러한 가운데 상호의존적으로 원인과 조건들이 작동해가기 때문에 미처 예상치 못한 성과가 나타나기도 한다.

성급한 거지는 동냥도 적다.
연기법을 공부하면, 복달라고 비는 거지 노릇을 그만두고 스스로 복을 짓는다.
하늘은 스스로 돕는 자를 돕기 때문이다.

비록 이 모든 것들이 진여(불성)가 펼친 환(꿈)이지만, 이 꿈(환)이 우리 모두의 삶의 현장이다.

이젠 삶에 속지 않고 삶의 주인으로 살아갈 수 있다.

진여가 펼친 삶의 현장은 극락정토가 되고, 그 속에서 살아가는 우리 모두는 부처이다.

연기맵이면 누구나 깨닫는다

연기법은 쉽다

연기법은 매우 쉽다.

연기법적 사유수행이 어렵다고 여겨지는 이유는 그동안 인과법적 사고에 길들여진 탓이다.

새로운 것을 배울 땐 언제나 그러하듯이, 기존에 익혔던 것들을 잠시 접어야 한다.

기존의 앎은 나중에 자연스럽게 통합된다.

특히 연기법은 기존의 인과법적 사고를 포함하면서도 초월한 상위의 의식이기에 일상에서도 적절하게 활용된다. 성인이 되면 어린시절 또한 당연히 알고 있듯이.

사과는 우주의 모든 것들이 원인과 조건들로 만든 것이다.

사과는 사과일 뿐이라는 지금까지의 고착된 사고관념이 허물어지는 것이다.

생각 논리로 전개되는 '동일률-모순율-배중률'이 허구임을 보게 된다.

사과 안에는 우주의 모든 것들이 들어 있다.

사과와 사과 아닌 것들의 구분(경계)이 사라진다.

구분(경계)은 겉모습에 의해서 생겨난 것뿐이고, 낱낱의 모든 것들 안에는 우주가 들어 있다.

개체와 전체가 묘하게 융합된다.

이를 두고, 개체와 전체는 같지도 않고 다르지도 않다고 하는 것이다.

모양으로 나타난 현상으로는 같지 않지만, 그 실상적 관점에 의하면 다르지도 않다.

결국, 그 양쪽 측면을 모두 잊지 말아야 건강하게 살아갈 수 있기 때문이다.

그러나 연기법을 통해서 현상으로 드러난 환(꿈) 같은 존재들이 모양 없는 진여(불성)의 현현임을 깨닫게 되면 "같지도 않고 다르지도 않다"는 설명은 더 이상 필요 없다.

진여(불성)가 궁극적 실재이다.
모양이 없이 존재하는 궁극적 실재이다.
그러나 진여(불성)는 다양한 모양으로 드러나기도 한다.

같지도 않고 다르지도 않다는 말(생각) 그대로가 진여(불성)이다.

이완된 집중력으로
다시 한 번 살펴보면

연기법은 매우 단순하다.

하나의 사과는 사과 아닌 수많은 원인과 조건들이 모여서 형성된 것임을 깊이 사유해보는 것이다.

왜 사유해야 하나?

그냥 보면 사과일 뿐이고, 그 사과가 어떻게 해서 그 사과가 된 것인지 모르기 때문이다.

처음엔 눈앞에 있는 사과를 보면서 하는 것이 좋다.

그리고 이번엔 커다란 종이 가운데에 사과를 그려놓고, 그 사과를 중심으로 사과를 형성하는 원인과 조건들을 그려서 연결한다.
그러다가 익숙해지면 상상 속 공간에서도 가능해진다.
이런 정도로 상상 속 의식 공간에서 이미지를 떠올려 자유롭게 연상이 되면 이제부터 연기법 공부는 급물살을 탄다.

이런저런 대상을 떠올려 그 원인과 조건들을 상상해보는 것이다.
그러면서 원인과 조건들에 대해서도 마찬가지로 그 원인과 조건이 되는 것들을 살펴본다.
이렇게 되면 "그다음 과정의 원인과 조건들은?" 하면서 저절로 "그다음?" "그다음?"으로 이어지는 자동사유가 일어난다.

이쯤해서, 중중무진重重無盡의 연기법계가 눈앞에 펼쳐진다.
모든 것들이 서로서로 연결되어 있음을, 더 나아가 모든 것들이 한 바탕임을, 결국은 모든 존재가 똑같음을, 그리하여 모든 존재는 환과 같다는 것을 깨닫는 순간이다.
이것이 연기법적 사유로 전환되는 의식의 질적 변화이다.

이제 연기법 공부는 마지막 관문을 남겨놓고 있다.

일체의 존재가 환과 같음을 보고 아는 이것은 무엇일까?

일체가 환과 같음을 보고 아는 것, 근원인 마음 바탕의 앎이 드러나는 순간이다.

III

연기맵 그리기

연기맵 그리기의 목표

연기법 사유수행을 하기 위해 연기맵map을 그려보자.

연기맵 그리기 사유수행의 목표는, 대상을 실체적인 존재로 해석하는 우리의 이원적 사고방식을 연기적 사고방식으로 전환함으로써, 모든 존재가 비실체적인 꿈같고 환영 같은 존재임을 이해하고 나아가 환(꿈)이라는 현상을 만들어낸 근원(진여)을 깨닫는 것이다.

존재의 실상을 깨달음으로써 불행의 근원인 죽음에 대한 두려움이 이원적인 사고방식에서 일어나는 환상임을 깨달아, 모든 근심, 걱정, 두려움에서 벗어나 자유롭고 건강하고 행복한 삶을 살아갈 수 있다.

연기맵 그리기에 앞서

연기법에 눈을 뜨기 위하여 연기맵을 그려보는 것은 대단히 효과적이다. 흔히 수행이라고 하면 몸을 훈련시키고 단련하는 것쯤으로 이해하기가 쉽다.

하지만 연기맵 그리기 수행은, 연기맵을 그려봄으로써 자연스럽게 연기법적 사유가 자리 잡게 되는 과정을 말한다. 이것이 곧 수행이다.

따라서 편안한 마음으로 연기맵을 그리기만 하면 된다.
연기맵 그리기의 주제를 정하고 그것이 생겨나는 원인과 조건들을 차분하게 생각해보는 것이다.

누구나 쉽게 할 수 있는 수행이 연기맵 그리기 수행이다.

어린아이의 마음으로 상상력을 발휘하여 자유롭게 떠올려서 그려 나가면 된다.

너무나 쉽고 당연해서 '이렇게 해서 깨달을 수 있을까?' 하는 의구심이 들 수도 있다.

하지만 연기맵을 그려나가기 시작하면 묘하게도 사고방식이 연기법적 사고방식으로 전환된다. 우주현상의 근본 법칙인 연기법은, 우리의 사고방식에도 그대로 적용되기 때문이다.

연기맵 그리기 수행을 통하여 우리의 사고가 연기법적 사고방식으로 전환하게 되면, 모든 존재를 연기적 관점으로 보게 되는 안목이 생기게 된다.

이것은 존재의 실상을 꿰뚫어보는 통찰력이다!

연기법이 해오(解悟, 알음알이) 수준에 그치는 공부라는 오해도 있지만, 결코 그렇지 않다.

연기맵을 꾸준하게 그려보면 그 효과를 저절로 알게 될 것이다.

아울러 석가모니 부처님께서 연기법을 그토록 강조하신 이유를 또한 알게 될 것이다.

꾸준히 해보면 깨닫게 되지만, 해보지 않고서는 짐작조차 할 수 없는 것이 연기법이다.

준비사항

종이와 필기구 외에 따로 준비해야 할 것은 없다.
구하기 쉬운 노트나 연습장, A4 용지 등을 사용하면 되는데, 넓은 여백을 원한다면 스케치북이나 달력의 뒷면을 사용해도 된다.

책을 읽을 수 있을 정도의 편안하고 조용한 환경이면 좋다.
일상에서 정리하지 못한 급한 사안이 있으면 사유하기가 쉽지 않으므로, 급한 일을 정리해서 마음을 여유롭고 편안한 상태로 만드는 것이 연기맵 수행에 도움이 된다.
연기맵을 그리는 마음 자세는, 연기맵 그리기의 대상이 어떤 원인과 조건으로 나타나고 사라지는지를 알아보겠다는 약간의 호기심이 있는 상태면 좋다.

첫사랑을 만나는 듯한 설렘으로…… 연기맵의 대상을 대할 수 있다면 금상첨화이다.

그저 편안한 마음으로 부담 없이 그리면 되지만, 꾸준히 그려보는 것이 무엇보다 중요하다.

주의사항

연기맵을 그릴 때에는 다음 사항을 주의하는 것이 필요하다.

연기맵 그리기의 주제로 정한 대상이 생겨날 수 있는 원인과 조건을 두루두루 생각해보지 않고, 대상에 대한 뿌리 찾기(조상 찾기) 식으로 진행해가는 것은 좋지 않다.
예를 들어, 닭은 달걀에서 달걀은 닭에서 닭은 달걀, 달걀은 닭……
이런 식으로 시간을 거슬러 혹은 시간의 흐름을 따라 사유해가는 것은 도움이 되지 않는다.
왜냐하면, 인과동시가 아니라 인과이시로 흘러가게 되기 때문이다.
대상에 대한 요소만 계속 찾아가는 것도 좋은 방법이 아니다.

예를 들어, 사과는 사과 껍질, 과즙, 씨방, 씨, 세포, 분자, 전자, 원자, 중성자……

이런 식으로 구성요소를 찾아가면 결국에는 알 수 없는 무엇, 무, 우주라는 근원이 나오기는 하겠으나, 그것은 연기적인 사고가 아니라 인과적(요소적)인 사고로 얻어지는 결론이기에 생각 수준에서의 이해인 것이다.

연기맵을 그리는 목적은 이원적인 사고방식을 연기적인 사고방식으로 전환하는 것이다. 원인과 결과가 분리되어 있는 것이 아니라 하나의 결과가 수많은 원인이나 조건으로 연결되어 일어나는 것임을 온전하게 이해할 수 있도록 생각나는 원인이나 조건을 모두 나열하는 것이 좋다. 원인이나 조건에는 물리적, 물질적인 것뿐만 아니라 감정적인 것, 정신적인 것, 생각까지도 포함된다.

아울러 그리고자 하는 대상을 명확하게 결정하는 것이 좋다.

가령 사과를 그리더라도, 식탁 위에 있는 사과인지, 사과나무에 달려 있는 사과인지, 슈퍼마켓에 진열되어 있는 사과인지에 따라서 원인이나 조건이 달라지기 때문이다.

연기맵 그리기는 부작용이 전혀 없는 수행법이지만, 너무 단순하고 쉬운 것이 오히려 약점으로 작용할 수도 있다. '너무 단순하고 쉬운데 과연 깨달을 수 있을까?' 하는 의문이 들 수 있기 때문이다.

따라서 지속적으로 꾸준히 그리는 것이 무척 중요한데, 최소한 한 달은 매일 한 시간 정도를 할애하는 것이 공부에 많은 도움이 된다. 그렇게 지속적으로 해야 이원적인 사고가 연기적 사고로 전환되면서 통찰이 일어나는 체험을 하게 된다.

연기맵 그리기 수행을 꾸준히 지속하면, 이원적인 사고방식에 의해서 유지되던 '에고 의식'에 자연스러운 해체가 일어나게 된다. 이 과정에서 에고가 사라지는 것에 대해 무의식적으로 두려움이 일어날 수도 있다.

에고는 연기맵을 지속적으로 그리지 못하도록 갖은 술책과 핑계거리를 들이대면서 저항하게 되는데, 이런 경우에는 스스로를 잘 살피고 솔직하게 자신을 바라보는 것이 공부에 많은 도움이 된다.

결과는 노력에 비례한다.

꾸준하게 연기맵을 그리다 보면, 어느 틈엔가 깨달아 있는 자신을 발견하게 될 것이다.

질적인 수행도 중요하지만, 양적으로도 축적이 되어야 돌파가 일어남을 반드시 명심하여야 한다.

원인과 조건을 많이 나열하는 것이 연기맵 수행의 목적이 아니다. 원인과 조건을 많이 나열하려고 하기보다는, 연기맵을 그리는 목적을 잘 알고 그리는 것이 실질적인 도움이 된다.

여럿이 모여서 연기맵을 그리게 되는 경우에 타인의 시선을 의식하기 쉬운데, 사람마다 생각하고 경험한 바가 다르기에 타인의 시선을 개의치 말고 자신이 생각하는 대로 편안하게 그리면 된다.

연기맵이면 누구나 깨닫는다

연기맵 그리기
수행 과정

연기맵 그리기 수행을 하다 보면, 그 과정에서 다음과 같은 경향성들이 나타나곤 한다.

연기맵 그리기 수행 과정상에 나타나는 현상들을 편의상 다섯 단계 정도로 분류해보았으나, 반드시 그러한 것은 아니니 참고삼아 읽어보면 연기맵 그리기 수행에 도움이 될 것이다.

1단계

- 연기맵 그리기가 어려운 것이 아닌데 낯설다보니 막연하거나 짜증이 날 수가 있다.

- 연기맵 한 장을 그리기가 벅차고, 연결되는 단어들도 30개 미만인 경우가 많다.
- 생소한 사고방식이다 보니 억지로 사유하는 것 같은 느낌이 들기도 한다.
- 원인이 먼저고 결과는 나중에 있는 것이라는 인과이시적으로 사유하는 경향성이 높다.
- 발심이 굳건하지 못한 경우, '이게 무슨 수행이야?' 하면서 슬그머니 포기하는 경우도 있다.

2단계

- 조금씩 연기적 사유방식으로 전환되기 시작하면서 연기맵도 보다 수월하게 그려지기 시작한다.
- 연결되는 단어 수도 50개 이상으로 늘어나며, 그리는 시간도 단축된다.
- 일체의 존재를 상호의존적 관계로 이해하기 시작하지만, 상호침투 내지 상즉상입相卽相入은 아직 잘 소화가 되지 않는다.
- 포기하지 않고 연기맵 그리기 수행을 꾸준히 하다보면, 모든 존재는 서로가 서로에게 영향을 주고받는 관계라는 이해가 깊어지

기 시작한다.

- 주변 인연에 감사하는 마음이 생기기 시작하며 자비심이 생기게 된다.
- 연기緣起를 운명론으로 받아들이는 경우도 있다.

3단계

- 인과적 사고에서 연기적 사고로 본격적으로 변화가 시작된다.
- 의식의 변용이 상당히 많이 생기고, 일정 부분 주시자注視者 관점이 생기기 시작한다.
- 대부분의 경전이 거의 다 이해가 되기 시작하고, 각자覺者들의 견처見處가 보이기 시작한다.
- 세상이 꿈처럼, 환幻처럼 보이기 시작한다.
- 상즉상입과 일중다 다중일一中多 多中一에 대한 이해가 매우 깊어진다.
- '이제는 나도 안다'고 생각하고, 이 정도에서 연기법 사유를 그만두는 경우도 많다.
- 진실을 감당할 준비가 되지 않은 공부인은 공부과정에서 오히려 자만심이 증폭되고 깨달았다고 착각한다.

- 이 단계부터는 보다 분명하게 공부를 안내할 수 있는 안내자의 역할이 매우 중요해진다.

4단계
- 먼지 한 톨에도 온 우주가 함께한다는 사실이 낯설지 않으며, 하찮게 여겼던 먼지조차도 우주적 존재, 거룩한 존재, 위대한 존재라는 공감이 일어난다.
- 지금 생각하고, 말하고, 먹고, 마시는 일체 행위가 이미 삼매라는 경지에 가까워진다.
- 원인과 조건들로 드러나는 모든 존재는 실체적 존재가 아니라는 이해가 명확해지며 세상이 확실하게 환으로 보인다.
- 중중무진으로 펼쳐지는 연기의 이치에 통달하나, 아직 이원적 인식의 뿌리가 남아 있어 진실에 분명하게 계합하지는 못한다. 이를 해오解悟라 한다.
- 해오의 단계에 이르렀으나 분명하게 본성에 계합하지 못하는 경우에, 이근원통耳根圓通 수행(〈부록〉 참조)을 병행하면 효과가 배가 되는 경우가 많다.

5단계

- 환의 바탕, 존재의 실상을 분명하게 증득한다.
- 시·공간도 없으며 원인과 결과가 다르지 않다는 진실[因果同時]이 분명해진다.
- 나와 너, 동물과 식물, 몸과 마음, 꽃과 돌, 기쁨과 고통 등. 모든 존재, 일체의 드러남이 진여의 현현임이 확철하게 증득된다.
- 이대로 그대로 진실인 일진법계에서 자리이타행自利利他行의 삶을 살아간다.

....

연기맵 그리기 수행 과정에서 경향적으로 나타날 수 있는 현상들은 이와 같지만, 앞서 언급하였듯이 개개인에 따라 겪는 바는 차이가 있을 수 있으며, 또 단계별로 배타적으로 구분된다기보다는 동시다발적으로 나타날 수 있음을 이해하는 것이 중요하다.

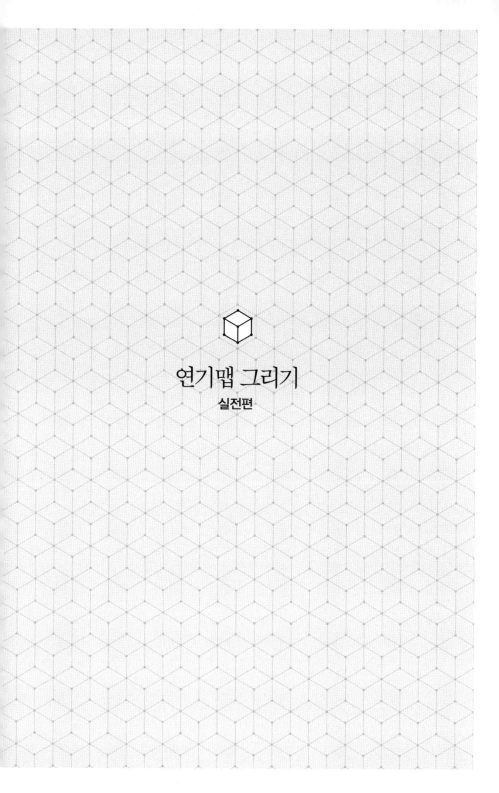

연기맵 그리기

실전편

1.

연기맵을 그리고자 하는 대상(사과)을 종이 한가운데에 그린다.

2.

사과를 존재하게 하는 원인이나 조건들을 생각나는 대로 그려본다.

억지로 머리를 짜내는 것이 아니라, 편안하게 생각나는 대로 떠올려서

그려보는 것이 중요하다.

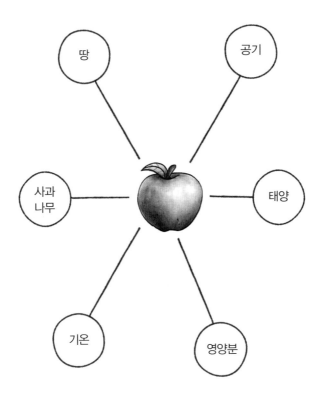

※ 연기맵을 그리는 이유는 사과가 본래부터 있었던 것이 아니라, 여러 원인과 조건들이
   모여서 된 것임을 통찰하기 위함이다.

3.

사과가 만들어지도록 한 1차적인 원인과 조건들은 본래부터 존재한 것이 아니

고, 그것들도 마찬가지로 원인과 조건들이 모여서 생겨난 것이다.

그러니 2차적인 원인과 조건들도 그려본다.

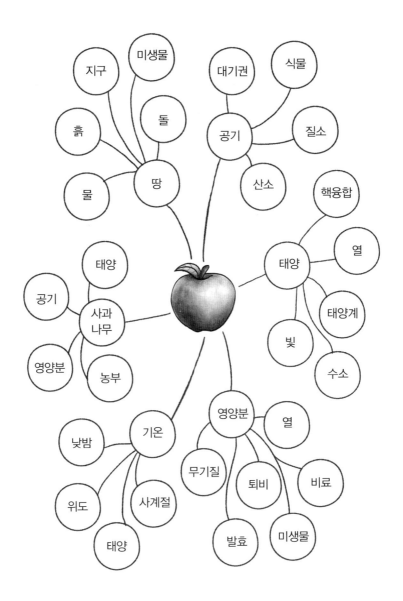

※ 사과를 있게 하는 것은 결국 수많은 원인과 조건들이다. 원인과 조건들도 마찬가지로 원인과 조건들로 생겨난 것이다. 따라서 모든 것들이 본래부터 존재한 것이 아니라 원인과 조건들이 모여서 생겨난 것이다. 연기맵을 그려보면 새로 앎이 드러난다. 모양을 갖춘 존재들이 돌연 속 빈 존재라는 것을 깨닫게 되는 것이다.

4. 2차적인 원인이나 조건까지만 그리고 나면, 나머지 과정은 의식이 알아서 저절로 펼쳐진다. 마치 덧셈을 몇 번 반복하면 수리가 터지는 것과 같다. 만약 3차적인 원인과 조건들을 그려보고 싶다면 그려도 된다. 다 그리고 나면, 편안한 상태에서 눈을 감고 마음으로 그려본다. 선택한 대상이 원인과 조건들에 의해서 생겨나는 모습을 3분 정도 상상해본다.

5. 원인과 조건들이 모여서 생겨나고, 원인과 조건들이 흩어지면 사라지는 과정을 상상해본다. 모든 존재들이 그런 식으로 생겨나고 사라지는 모습을 상상해보는 것이다.

6. 앞의 과정을 반복해가면, 실체적 존재관념은 자연스럽게 바뀐다. 지금까지 의심하지 않았던 견고한 존재가 끊임없이 생겨나고 사라지는 것으로 보이는데, 결국 '비실체적 존재'임을 꿰뚫어보게 되는 것이다.

7. 찰나에 생겨나고 사라지는 것으로도 여겨질 수 있다. 찰나에 생겨난다는 것은, 그와 동시에, 생겨나기 이전의 것이 사라진다는 것이기에 생生과 멸滅이 같은 것임을 알게 된다. 즉, 어떤 측면을 선택해서 보느냐에 따라서 생 혹은 멸을 보게 된다.

8. 드디어 생겨났다고 할 것조차 없음을 통찰하기에 이른다. 생겨났다고 하는 순간에 그것은 곧 다른 것이 된다. 동일한 것이 존재한다고 할 근거가 없다. 결국 환 같은 현상에 불과한 것임을 깨닫게 되는 것이다.

9. 실체적 존재 관념이 허물어지는 순간이다. 의식되지 않는 기저에서 이원적으로 분화된 실체적 관념이 근원적으로 해체되는 순간이다.

10. 일체가 환 같은 것임을 깨닫게 되면, 환 같은 것도 존재한다고 할 수 없다. 결국, 환 같은 현상을 만들어내는 근원(진여)이 마침내 드러나게 된다(이 부분의 수행은 이근원통이 효과적이다. 책의 〈부록〉 편에 자세한 내용이 나와 있다).
마치 안개가 허공에 의지하고 있듯이, 환은 진여(불성)에서 생겨난 것임을 깨닫게 된다.

1.

그리고자 하는 대상(피자)을 종이 한가운데에 그린다.

2.

피자를 존재하도록 하는 원인과 조건들을 생각나는 대로 그려본다.

이런 것과 저런 것들로 만들어지는 것이라고 여겨지는

원인 혹은 조건들을 그려보는 것이다.

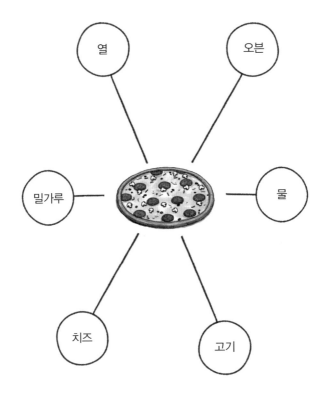

열 · 오븐 · 밀가루 · 물 · 치즈 · 고기

※ 연기맵을 그리는 이유는 피자가 본래부터 있었던 것이 아니라, 여러 원인과 조건들이 모여서 된 것임을 깨닫기 위함이다.

3.

피자가 되는 1차적인 원인과 조건은 본래부터 있었던 것이 아니라,

그것들 역시 수많은 원인과 조건들로 말미암아 생겨난 것이다.

그래서 2차적인 원인과 조건들을 그려본다.

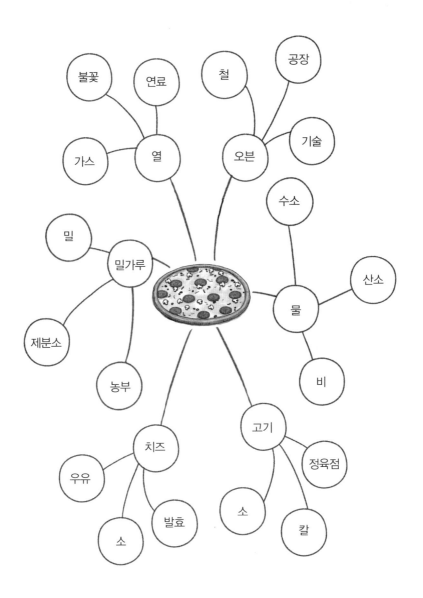

※ 1차적인 원인과 조건들로 연기맵을 그려봄으로써, 존재하는 모든 것들이 처음부터 그
렇게 있는 것이 아니라 반드시 원인과 조건들이 합쳐져서 생겨나는 것임을 알 수 있다.
생겨난 것이라고는 하지만 생겨난 것이라고 할 알맹이(고갱이)가 비어 있다. 즉, 변치
않는 것이라고 할 만한 것이 없다. 이러한 존재를 공空이라고 하고, 실체가 비어 있는
존재라는 점에서 환 같고 꿈같은 것이라고 한다.

4. 연기맵을 그려가는 과정에서 저절로 깨달아지는 것이 있다.

첫째, 모든 존재는 비실체적인 존재임을 알 수 있다.

둘째, 모든 존재들은 마치 그물망처럼 연결되어 있다.

셋째, 모든 존재들은 생겨났다고 할 수가 없다[無生].

넷째, 모든 존재들은 존재한다고 할 수가 없다.

다섯째, '있다' 혹은 '없다'라는 이원적 틀로 구축된 말(생각)에 의해서 모든 존재를 실체적 존재로 착각한 것이었음을 깨닫게 된다.

여섯째, 모든 존재가 연기된 것임을 깨닫는 순간에 존재의 실상을 깨닫게 되고, 존재의 실상을 깨달음으로써 저절로 생사 문제가 해결된다. 죽음에 대한 음산한 불안이 말끔히 사라지는 것이다.

1.

그리고자 하는 대상(성냥불)을 종이 한가운데에 그린다.

2.

성냥불이 존재하도록 하는 원인과 조건들을 생각나는 대로 그려본다.

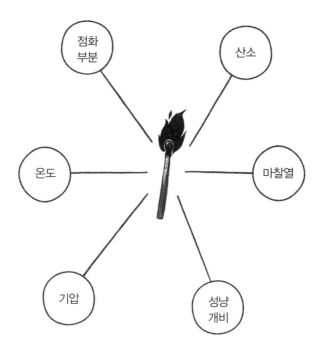

점화
부분

산소

온도

마찰열

기압

성냥
개비

3.

성냥불의 1차적 원인과 조건들도 처음부터 존재한 것이 아니다.

그것들도 원인과 조건들이 모여서 생겨난 것이다.

그래서 2차적인 원인과 조건들을 그려본다.

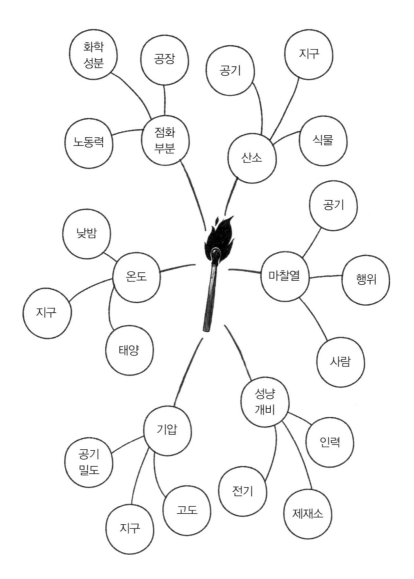

※ 모든 존재가 본래부터 있었던 것이 아니라, 반드시 원인과 조건들이 모여서 생겨나는 것임을 관찰하는 것이다. 원인과 조건들로 말미암아 생겨난 존재는, 외적 모습은 생겨난 것 같지만 사실 생겨났다고 할 수 없다. 왜냐하면 원인과 조건들이 임시적으로 합쳐져서 생겨난 것같이 보이는 가상적 존재 현상에 불과하기 때문이다. 따라서 가상적인 존재, 환영 같은 존재인 것이다. 성냥불이라고 할 것이 원인과 조건들이고, 그 원인과 조건들도 또 다른 원인과 조건이 모여서 된 것이기 때문이다.

주제에 따른
연기맵 그리기 수행

●————————●

첫 번째 과정

연기맵은 쉬운 것부터 시작한다.

연기법적 사유에 저항감이 없이 잘 받아들여지는(이해되는) 사물에서 출발하는 것이 좋다. 그중에 과일이 좋은데, 그 이유는 과일들이 생겨나는 과정들을 쉽게 떠올릴 수 있기 때문이다.

연기맵을 통하여 존재의 형성과정(생겨나는 과정)을 사유해봄으로써, 원인과 조건들이 모이고 흩어짐에 따라 존재라는 현상이 생겨나고 사라지는 것임을 저절로 깨우치게 된다.

1. 사과를 주제로 연기맵을 그려본다.

2. 배를 주제로 연기맵을 그려본다.

3. 귤을 주제로 연기맵을 그려본다.

4. 감을 주제로 연기맵을 그려본다.

5. 대추를 주제로 연기맵을 그려본다.

두 번째 과정

자연적인 산물(과일)에 대한 연기적 사유수행에 이어 이번엔 사람
이 조리하는 손길이 포함된 먹을거리를 주제로 그려본다.

1. 피자를 주제로 연기맵을 그려본다.

2. 빈대떡을 주제로 연기맵을 그려본다.

3. 파전을 주제로 연기맵을 그려본다.

4. 만두를 주제로 연기맵을 그려본다.

5. 송편을 주제로 연기맵을 그려본다.

세 번째 과정

이제는 순간순간 변화하는 물리적 현상에 대해서 연기맵을 그려
본다.

1. 성냥불을 주제로 연기맵을 그려본다.

2. 촛불을 주제로 연기맵을 그려본다.

3. 라이터 불을 주제로 연기맵을 그려본다.

4. 모닥불을 주제로 연기맵을 그려본다.

5. 산불을 주제로 연기맵을 그려본다.

네 번째 과정

이번엔 딱딱하다고 여겨지는 인공물을 연기맵으로 그려본다.

1. 책을 주제로 연기맵을 그려본다.

2. 가구를 주제로 연기맵을 그려본다.

3. 컴퓨터를 주제로 연기맵을 그려본다.

4. 방을 주제로 연기맵을 그려본다.

5. 집을 주제로 연기맵을 그려본다.

다섯 번째 과정

드디어, 나(사람)를 주제로 연기맵을 그려본다.

이미 이전 단계에서 연기맵을 그려보면서 모든 것들이 고정된 실체로서의 존재가 아님을 깨우치게 된다.

그와 같은 진실은, 당연히 나까지도 포함한 일체의 존재들이 예외 없이 그렇다는 것에서 확인하게 되는 것이다.

연기맵을 그리기 시작하면 → 처음엔 이치적으로 이해되고 → 더 나아가 정말 연기적인 존재임을 실감하면서 → 모든 존재들이 환(꿈) 같은 존재로 보이게 된다.

이제 마지막 관문이 남아 있다.

공부가 더욱 깊어짐에 따라 일체의 존재가 환(꿈) 같다는 앎마저 환(꿈)같이 되어서 그 앎이 드디어 사라진다.

거친 생각(개념)들이 이미 녹은 상태에서 드러나는 환(꿈)으로 보이는 단계는 아직도 미세한 환(꿈)이라는 생각이다.

이 미세한 생각의 뿌리가 드디어 녹아버리는 때가 온다. 바로 그때, 환(꿈)으로 드러난 존재는 무형상인 공(空, 마음, 진여)이 현현한 것임을 깨닫게 된다. 이 공(마음)은 인因도 연緣도 아니다.

본래부터 그렇게 있는 것이다!

물론 이것은 생각으로 헤아릴 수가 없다.

수행의 효과

- 상대방을 비방하기보다는 이해하게 되고, 용서할 수 있는 힘이 커지게 된다.
- 타인의 시선을 덜 의식하게 되며, 상대방을 배려하는 힘이 생기게 된다.
- 스트레스가 사라지며, 상처받은 내면아이를 쉽게 치유할 수 있는 힘이 생긴다.
- 마음 정화가 저절로 일어나 감정을 자유롭게 느끼게 되며, 감정에 끌려다니지 않게 되어 편안한 삶을 살아간다.
- 인간관계가 좋아지며, 어느 한쪽으로 치우치지 않는 조화로운 삶을 살아가게 된다.

연기맵이면 누구나 깨닫는다

- 생각이 연기되고 있음을 알기에 생각에 끌려다니지 않으며, 생각의 주인이 되어 자유롭게 생각하게 된다.
- 사실을 사실로 받아들일 수 있는 용기가 생기며, 자신의 믿음이나 관념을 들여다볼 수 있는 힘이 생기게 된다.
- 사유의 폭이 넓어지고 깊어지며 성격이 차분해진다.
- 집중력이 향상되고, 사고가 이성적 · 합리적 · 과학적 · 논리적으로 발달하게 된다.
- 지능지수가 높아지며, 경전이나 어록 등 어려워서 읽기 힘들었던 책이 쉽게 읽힌다.
- 나타나는 현상에 대하여 여러 가지 원인과 조건을 생각하기에, 사람이나 당면한 상황을 함부로 판단하지 않는다.
- 상상력이 향상되며 결과에 집착하지 않고 과정을 즐기게 된다.
- 세상이 나에게 강요한 목표가 아니라 자신이 원하는 목표를 갖게 되며, 서로가 상생할 수 있는 합리적이고 효율적인 선택을 한다.
- 이원적인 사고방식이 연기적인 사고방식으로 전환되면서, 존재의 실상에 눈을 뜬다.
- 과거와 미래에 연연해하지 않고 지금 이 순간을 살아가게 된다.
- 의식의 성장이 이루어지며, 세상을 품을 수 있는 마음 그릇을 가지

게 된다.

- 개체성을 넘어 전체성의 입장에서 행동하게 되며, 배척하기보다 포용하는 삶을 살아간다.
- 일체의 근심, 걱정, 불안이 사라지며, 죽음의 두려움에서 해방된다.
- 자신 있고 적극적인 삶을 살게 되며 걸림 없는 행복한 삶을 살아 간다.
- 서로서로 연결되어 있음을 알기에 자연을 소중하게 대하게 되고, 일체가 또한 궁극적으로 다르지 않음을 알기에 자리이타의 삶을 살아간다.

연기맵이면 누구나 깨닫는다

수행 경험담

지여인 님의 경험담

편안한 마음으로, 그러면서도 진지하게 연기맵을 그려나가면 자연
스럽게 연기맵으로 그려지는 내용에 빠져든다. 결과로 나타난 것은
원인과 조건들의 합성물이라는 것을 알게 된다.
원인과 조건들이 모이면 생겨나고 원인과 조건들이 흩어지면 사라
지는 것들이 존재라고 알고 있는 것들이다.
원인과 조건들 자체도, 원인과 조건들로 생겨난 것들임을 알게
된다.

그리고 존재들은 매 순간순간 매 찰나찰나 새로운 원인과 조건들로 인해서 생겨나기에, 늘 지금 이 순간에 새롭게 생겨난 존재라는 사실이 자각되면서 모든 존재들이 신선하고 생생하게 느껴진다.

기존의 존재들이 연기적 존재로 새롭게 부각되면서 술이 깨는 듯한 각성이 의식에 일어난다. 마치, 옆집의 늘 보아왔던 그냥 그런 소꿉 친구 순희가 오늘 갑자기 예쁜 여자로 보이는 것과 같다. 이성에 눈 뜨는 것 같은 의식의 변화처럼, 연기법을 그려나가면 기존에 알고 있던 존재들이 새로운 모습으로 드러난다.

처음에는 고정된 실체로 보였던 존재들이 환(꿈) 같은 존재로 보인다.

그리고 그 환(꿈) 같은 존재들은 투명한 허공에 나타난 환(꿈)으로 보인다.

결국 그 허공은 순수한 공(마음, 진여)이며, 그 공(마음, 진여)이 환(꿈)으로 드러난 것임을 깨닫게 된다.

마치 마음의 빛이 레이저가 되어 꿰뚫어보는 것과 같다.

연기맵을 그려나가면서 이해한 것들이 어느 순간 의식 속에서 저절로 연쇄적으로 연기맵으로 그려졌다. 그러다가 술취한 사람처럼 밖의 사물들이 빙~빙 돌더니 미처 한 바퀴도 회전하지 못하고 멈추었다. 그리고 바로 그 순간 눈앞에 있는 모든 것들이 공(마음)으로의 일진법계로 드러났다. 법열의 지복감은 6개월이나 지속되다가 서서히 사라졌다.

무위자연 님의 경험담

저는 2012년 11월 지리산 집중수행에서 연기맵을 처음 접했습니다. 집중수행 이후 저에게 많은 변화들이 있었습니다.

그 변화의 중심에 연기맵이라는 보물이 있었음을 부인할 수 없습니다.

그럼에도 불구하고 연기맵 그리기 경험담을 쉽게 적을 수가 없어서 '대적광' 카페에 들어왔다 나갔다를 반복했습니다.

의식의 변화에 기여한 많은 조건들 중에서 '이것이 연기맵의 작용이다'라고 구분하는 일이 쉽지 않았기 때문입니다.

거사님의 법문, 책에서 얻은 지식, 질문에 대한 궁금증의 해소, 연기맵을 통한 이해, 수행 중에 일어난 체험…… 등등 여러 가지 제반요소, 말 그대로 연기이기에 따로 연기맵 경험담을 적을 수가 없는 것입니다. 이런저런 고민 끝에, 일어난 변화라도 전체적으로 적어보기로 했습니다. 이 글을 읽고 다음 분이 글을 적는 데 도움이 되길 바라면서 말입니다.

연기맵이면 누구나 깨닫는다

1. 막연함

연기맵을 처음 접했을 때, 거사님의 설명으로 알게 된 몇 가지 조건들을 나열하고 나니 더 이상 무엇을 어떻게 적어야 할지 막막했습니다.

익숙하지 않은 것을 처음 접했을 때 느끼는 약간의 거부감, 저항감도 같이 있었습니다. 에고의 방해작용도 있었음을 나중에 알게 되었습니다.

2. 신기함

마음을 추스르고 대상에 대한 호기심을 가지려고 노력했습니다.

사과에게 말도 걸어보고 찬찬히 살펴도 보고 상상 속에서 대상과 점점 친해지니 사과가 생겨날 수밖에 없는 이런저런 원인과 조건들이 떠오르기 시작했습니다.

연기맵을 그려놓고 보니 사과 안에 아스팔트가 들어가 있습니다.

참 신기하다는 생각이 들었습니다.

성냥불 안에는 물도 들어 있습니다.

불 안에 물이 들어 있다니…… 정말 신기하지 않나요?

3. 이해의 시작

연기맵을 그려놓고 찬찬히 살펴보았습니다.

수많은 원인과 조건으로 인해 사과가 생겨납니다.

수많은 원인과 조건으로 인해 사과가 사라집니다.

하나의 결과는 하나의 원인으로 연결된다고 막연하게 믿었던 생각에 금이 살짝 갑니다.

사과는 독자적으로 존재한다고 생각했었는데 그렇지가 않습니다.

사과는 사과를 만드는 수많은 원인과 조건에 의해 존재합니다.

그 원인들 중 한 가지만 없어도 사과는 존재할 수 없습니다.

결과인 사과와 원인인 공기나 태양이 따로 있을 수가 없다는 생각이 듭니다.

사과는 사과 아닌 것들로 이루어져 있습니다.

4. 이해의 축적과 통찰

사과에 이어 여러 가지 사물로 연기맵 그리기는 이어집니다. 연기맵을 많이 그릴수록, 사유의 시간이 길어질수록, 이해가 축적됩니다.

이해가 축적되면서 순간순간 "아하!" 하는 통찰이 일어납니다.

작은 통찰들이 쌓이면서 점점 더 큰 통찰도 일어납니다.

연기맵이면 누구나 깨닫는다

마치 지속적으로 가열하는 물은 액체가 아닌 수증기인 기체로 변하는 것처럼 말입니다.

정확하게 어떤 이해가 먼저 왔는지, 어떤 통찰이 먼저 일어났는지를 구분하기는 어렵지만 대충 이런 식으로 펼쳐진 것 같습니다.

- 사과는 시시각각, 매 순간순간, 매 찰나찰나 변한다.
- 사과는 사과 아닌 것들로 이루어졌기에 딱히 사과라고 집을 수 있는 실체가 있는 것이 아니다.
- 사과와 사과를 이루는 원인이나 조건을 분리할 수 없다.
- 사과는 사과 아닌 것에 의지하지 않고 스스로, 독립적으로, 주체적으로 존재할 수 없다.
- 사과는 실체가 없는 꿈과 같고 환영 같은 존재이다.
- 사과뿐만 아니라 드러난 일체가 실체가 없는 꿈과 같고 환영 같은 존재이다.
- 드러난 모든 것은 꿈이고, 꿈을 꾸고 있는 마음, 의식만이 유일한 실체다.
- 드러난 모든 것은 실체하는 것이 아니라 마음 바탕에 비추인 영화의 한 장면이고, 드라마의 한 장면이다.

- 드러난 모든 것은 자성이 공空하다(비어 있다).
- '나'라는 존재 또한 실체가 없는 꿈과 같고 환영 같은 존재이다.
- '나'라는 존재가 꿈과 같고 환영 같은, 실체가 없다는 것을 아는 '앎'이 참 나이다.
- 일어나는 모든 일은 연기되는 것이기에 '나'라고 할 행위의 주체는 없다.
- 행위의 주체가 없기에 행위의 대상도 없다.
- "내가 하는 것이 아니라 하는 그놈이 나다."
- '파도'가 내가 아니라 '바다'가 나다.
- 공인 마음의 바다에서 현상이라는 파도가 일어나기에 현상이라는 파도는 바다 그 자체이다.
- 일체가 공인 마음뿐이다.
- 일체가 공인 마음뿐이기에 드러나도 드러난 것이 없기에, 드러나게 하는 원인과 조건도 없다.
- 드러난 것이 없기에 시시각각, 매 찰나찰나 변할 것도 없다.
- 시간성도 초월하고 공간성도 초월한 오직 지금 이 순간! 여기!만 실재한다.
- '앎'이 '앎' 스스로를 알아서 챙긴다.

5. 지속되는 공부

이해가 깊어지고 작은 "아하!" 들이 일어나고 있지만 스스로 성찰하면 온전하게 깨끗하다는 느낌은 아직!입니다.

명명백백하지 않은 상태에서 경험담을 적는다는 것이 좀 뭣하지만 이 글이 누군가에게 도움이 되길 바라는 마음에서 글을 적어봅니다.

저는 아직 목이 마릅니다.

목이 마르다고 말하는 이분은 목이 마르지 않습니다.

참 재미있는 현상입니다.

한계령 님의 경험담

대적광 도반님들 연기맵에서 가장 많이 그리시는 사과!
사과하면 도반님들 각자가 나름대로 떠올리는 이미지가 있습니다.
그 이미지를 떠나 종류라도 나열해볼까 합니다.

큰 사과, 작은 사과, 중간 크기 사과, 썩은 사과, 잘 익은 사과, 덜 익은 사과, 빨간 사과, 푸른 사과, 벌레 먹은 사과, 빨간 썩은 사과, 푸른빛이 감도는 사과, 중부 지방 사과, 대구 사과, 농협 사과, 수입 사과, 후지 사과, 국광 파지 사과, 청정 사과, 농약 뿌린 사과, 잘라놓은 사과, 껍질 깐 사과, 사과 조각, 물러버린 사과, 비싼 사과, 싼 사과, 저장 사과, 풋사과, 둥그런 사과, 신 사과, 새가 파먹은 사과…… 에고, 힘들어라.
세상에는 수많은 사과가 있고 수많은 사과가 있었습니다.
단 한 쌍이라도 똑같은 사과가 있었을까요?
앞으로 세상에 나올 사과까지 모두 포함한다 해도 마찬가지고요.
그럼에도 불구하고 우리는 이리도 많은 사과를 통틀어 "사과"라고 부릅니다.

얼마나 대단한 언어의 힘입니까! 이리도 다양한 사과의 종류를 깎고 절단하고 단순화시켜 단 한마디 사과라 부를 수 있으니……

하지만 이 언어는 인류를 문명과 만물의 영장으로 이끈 원동력이지만 정반대로 인류를 생각의 감옥에 처넣은 원흉이자 근원에서 멀어지게 한 죄인이랍니다. 성경에서 아담과 이브가 따 먹음으로써 원죄의 지옥에 빠지게 한 바로 그 선악과가 무엇인가? 그게 바로 언어였다는 사실을 알고야 말았습니다.

이루 다 표현할 수 없는 것이 어디 사과뿐이겠습니까? 배는? 귤은? 대추는?

오이는?…… 집은?…… 성냥불은?…… 모닥불은?……

피자는 어떠하며 녹두전은 어떻습니까?

콘크리트 벽, 바위, 암벽은 어떠하며 철, 철근, 쇳덩어리, 알루미늄, 구리, 빌딩…… 이런 것들은 또 어떠합니까?

사장님, 대문, 궁궐, 네거리, 뭐 이런 거…… 이것들은 대충 보이기라도 합니다.

그나마도 보이지 않는 것, 정의, 사랑, 질서, 미움, 갈등, 철학이니 심리니 클리닉, 님비현상, 투사, 물리학, 이런 수많은 언어들.

나아가 이런 단어들로 이루어진 구와 절과 문장과 문단과 이것들로 이루어진 수많은 대화와 논쟁과 토론과 다툼 그리고 법조문들.

생각은 어떠한가요? 바로 이 잘나빠진 언어로 생각을 합니다.

언어의 가장 큰 문제가 무엇일까요?

언어로 표현하고자 하는 대상이 구상적이든 추상적이든, 사람들은 그 수많은 종류의 단어를 말하거나 듣자마자 곧바로 이미지화, 실체화, 존재화합니다.

연기법 공부 열심히들 하셨으니까…… 연기법에서 배운 진리는 무엇입니까?

'세상만물은 어느 것 하나 실체를 가진, 실체라 할 만한 것이 없다……'

모든 만물은 스스로 설 수 없는 무자성의 존재, 상호의존적이고 상호침투적이며, 과정적이고 임시적이며, 찰나적으로 존재하는, 있다고도 할 수 없고 없다고도 할 수 없는 환과 같고 꿈과 같은 존재라는 가르침이었습니다.

언어로서의 사과는 변하지 않는 고정되고 실체화된 사과입니다. 평

생 사과입니다.

꿈 같고 환 같은 그런 존재가 아닙니다. 고정되어버려 해체될 수 없는 강력한 이미지요 존재요 실체입니다.

그러한 언어로 사고를 하는 우리의 생각은 어떠하겠습니까?

실체와 존재로 우리의 사고는 꽉 채워집니다.

실체성과 존재성을 부여하는 융통성 없는 이러한 허망한 언어로 중중무진 우주 연기의 세계를 어찌 표현해낼 수 있겠습니까?

언어는 바로 양날의 칼입니다.

인류문명을 일으키고 만물의 영장을 탄생시킨 조력자이자 육체를 업은 인류가 살아가기 위한 힘.

하지만 반면에 갓난아기 시절 근원 그 자체에서, 커가며 성장하며 늙어가며 한 점 물방울로 떨어져 나와 저 근원의 대양에서 멀어지게 한 선악과……

연기맵 그리기가 왜 그리 단순 반복적으로 지루하게 느껴졌는지를 알았습니다. 그것은 바로 실체화, 존재화시킨 언어들의 나열이었기 때문이었습니다.

사과를 중심으로 원인과 조건을 비, 비료, 농부 이 세 가지만 들어보겠습니다.

모두 다 언어입니다. 사과, 비, 비료, 농부……

노트에 연기맵을 그리기 위해 사과에 동그라미 치고 주위에 비, 비료, 농부를 쓰는 순간 내가 그린 연기맵은 평상시 이미지화하고 실체시하고 존재시킨 언어의 사과, 비, 비료, 농부였던 것입니다.

단순한 언어의 반복이니 얼마나 지루했겠습니까?

아유르베다에서는 우주 구성의 5대 원소를 이야기합니다.

물, 불, 공기, 흙, 에테르.

연기맵을 그리면 물, 불, 공기, 흙…… 이거 허구한 날 나옵니다

또 물, 또 비, 또 공기, 태양, 땅, 뭐 이런 거.

같은 비라도 사과의 원인으로서 비가 다르게 작용하고 배, 소, 풀, 집, 산, 나무, 들판 등등에 다르게 작용하는 무엇이었음에도 불구하고 저는 똑같은 이미지의 비를 떠올렸으니 얼마나 반복적이고 지루했겠습니까?

비가 땅속의 물로 스며들어 사과나무 뿌리에서부터 작용하기 시작하여 뿌리를 통해 나무 속으로 들어가 몇 개월 후 사과가 나무에서 떨어질 때까지 연속적으로 작용하는……

그 과정을 매우 상세하게 언어로 설명하자면 이것 또한 수백 권 분

량의 책으로도 부족할지 모릅니다. 하지만 그 원인을 단순히 늘 반복해 사용하는 언어로, 늘 이미지화했던 그 언어로 비, 비, 비 하고 반복했으니……

그리고 비가 작용할 때 사과는 또한 정지해서 멈춰 있습니까?

계속 변합니다. 상호간 작용 과정과 변화 과정을 흐름으로 음미하고 언어에 빠지지 않고 연기맵을 그렸더라면 그렇게 지루하지는 않았을 텐데……

거의 90퍼센트쯤은 언어 놀음(존재 놀음, 실체화 놀음)을 하고 있었던 것입니다.

그나마 비록 90퍼센트쯤은 언어 놀음이었음에도 불구하고 나머지 10퍼센트쯤은 저도 모르게 중중무진의 원인과 결과의 세계를 무의식적으로 그리거나 느끼며 살짝살짝 언어감옥에서 나와 매우 천천히 언어와 생각의 세계를 부수어나가고는 있었던 것 같습니다.

그것이 연기맵을 그리는 대다수 도반님들의 실상이 아니었을까 생각해봅니다.

사과와 비를 언어로 쓰는 거야 어쩔 수 없지만, 사과와 비의 느낌과 찰나의 변화 과정과 작용 과정을 음미하는 습관으로 최대한 언어적 관념에서 벗어나 변화된 연기맵 그리기를 해야 합니다.

연기맵은 언어와 생각의 한계를 벗어나게 하는 강력한 도구인 것입니다.

깨달음은 생각의 막에서 벗어나는 것이라고 이미 백창우 거사님께서 밝혀놓으셨습니다. 생각의 막은 어디에서 비롯되었으며 존재의 실상을 왜곡시킨 주범은 무엇입니까?

언어로 대상과 나를 고정시키면 그 양자 간에 갈등구조가 생기고 고통이 탄생합니다. 이미 언어로 실체와 존재를 탄생시킨 순간에 고통은 예비되어 있었던 것입니다. 동물들은 며칠 전에 대지진이 올 것을 알고 도망가는 직관능력을 가지고 있다고 합니다.

인간도 언어로써 존재성을 부여하지 않고 언어로써 사고하지 않았다면 동물과 같은 능력을 가지고 있을지도 모릅니다. 또한 여러 종교가 탄생하고 같은 종교 내 여러 종파가 분화하지 않았을지도 모릅니다.

영감과 느낌의 언어만 가졌더라면 한데 모이고 하나가 되었을 것을……

도반님들!

언어가 나와 대상과 삶의 고통에 어떤 작용을 하였는지, 나아가 깨달음 공부에 어떤 한계로 작용하는지 한번 깊은 고민이 필요하다고 생각합니다.

언어의 대상을 존재와 실체로서 바라보지 않게 될 때, 우리는 생각이라는 쇼생크 감옥에서 탈출하게 되지 않을까요?

이참에 연기법과 깨달음의 정의를 제 나름대로 살짝 바꾸어볼까 합니다.

연기법이란, 언어에서 비롯된 실체적 사물 인식에서 벗어나 찰나적 우주만물을 있는 그대로 보는 것.

깨달음이란, 이러한 연기법으로 존재의 실상을 관하는 눈을 되찾는 것.

언어는 대표선수이다.

언어는 단순화이다.

언어는 현상을 감싸버린 포장지이다.

언어는 개념이다.

언어는 상징이다.

개념과 상징은 잘 변하지 않는다.

고로 언어는 실체가 된다.

언어는 이미지이다.

이미지는 쌓아온 과거이다.

고로 언어는 과거의 이미지이다.

언어를 쓴다는 건 일정 부분 과거로의 회귀이다.

순간적인……

고로 언어와 생각 속에서는 현존하기 힘들다.

연기맵 그리기를 다시 시도해봅니다.

이번에는 좀 딱딱한 것으로 해보렵니다.

나무 의자.

의자를 결과로 원인과 조건을 나뭇조각(같은 것), 전기톱(같은 것),

전기(같은 것), 노동력(같은 것), 디자인(같은 것) 다섯 가지를 들어 그

려볼까 합니다.

'같은 것'이란 말을 덧붙인 이유는 최대한 실체시했던 언어 개념에

서 탈피하여 언어를 새로이 바라보고자 함입니다.

'의자'라 쓰고 동그라미 쳤습니다.

예전 같으면 원인과 조건 다섯 가지를 바로 써내려가기 시작합니다.

그러곤 다음 단계를 그리고…… 이제는 달리 해봅니다.

의자를 생각합니다. 어디서부터 어디까지가 의자(같은 것)인가요?

전 의자를 만들기 위해 준비된 나뭇조각이 조립되기 시작한 때부터 의자라 상정합니다.

그리시는 분마다 다르게 상정할 수 있을 겁니다.

의자를 음미합니다. 의자가 나뭇조각에서 탄생하여 완성된 후 어떤 용도로 쓰이다가 해체되거나 부서져 사라지는 것까지 상상합니다.

찰나의 연속적인 과정으로서 의자 같은 것……

언어의 의자, 내가 고정된 관념으로 가지고 있던 그런 의자가 아닙니다.

형태나 성질, 용도 등 선입견에 매어 있지 않은 만물의 존재 상태의 특수한 찰나적인 과정으로서의 그런 의자 같은 그런……

이제 원인과 조건이 작용하기 시작합니다.

나뭇조각부터 살펴보겠습니다.

의자 같은 것에 작용하는 나뭇조각 같은 것은 어느 단계부터 시작할까요?

저는 그 나무가 말레이시아 어느 숲에서 베어져 배에 실려 인천항에 도착한 후, 목재소에서 의자가 되기 위해 재단되어지는 순간부터의 나뭇조각을 상정하겠습니다.

그 나뭇조각은 찰나적으로 변해왔던 그 자체가 중중무진 우주이면서 시간적으로 끊어지거나 언어로 단절되지 않는 찰나의 연속적인 나뭇조각 같은 것의 연속입니다.

절단이 시작되고 의자 같은 것의 일부가 되기 위해 모아져서 조립되어 결국 의자의 모양을 갖추게 하는 찰나 과정으로서의 나뭇조각……

그 과정을 충분히 상상하면서 말입니다.

다음은 전기톱입니다.

전기톱의 작용은 나무를 나뭇조각으로 잘라 나뭇조각을 다 자를 때 그 역할은 끝납니다.

전기톱을 전기톱의 탄생부터 현재까지를 상상하되 전기톱이라는 언어에 매이지 않고 나뭇조각을 자르는 역할을 찰나적으로 수행해내는 전기톱같이 생긴 그 무엇으로 과정적으로 충분히 상상합니다.

나뭇조각을 만들기 전 책상을 만들기 위해 작용했던 같은 전기톱이더라도 지금의 나뭇조각과는 직접적인 관계가 없습니다.

물론 연기적으로 찰나적 과정으로서의 전기톱은 마찬가지로 찰나적인 과정으로서의 나뭇조각 이전의 숲속의 나무에서부터 중중무진 연결되어 있지만, 여기서는 직접적인 상호작용만을 세세히 음미합니다.

전기 같은 것도 마찬가지고 노동력 같은 것, 디자인 같은 것도 같은 방법으로 할 수 있습니다.

중간중간 짚고 넘어갈 것은 전기톱, 나뭇조각, 전기, 노동력, 디자인과 만들어지고 있는 나무를 종합적으로 상상하면서 말입니다.

의자를 중심으로 보면 나뭇조각, 전기톱, 전기, 디자인, 노동력이 작용하는 시간이 다르고 그 작용하는 원인들은 그 자체가 하나의 결과들임에도 다른 결과인 의자에 작용하면서 시시각각 찰나적으로 변화, 상호작용, 상호의존, 상즉상입하고 있는 과정의 연속입니다.

아무튼 중요한 건 모든 원인과 조건들이 결과에 작용하는 과정을 최대한 언어의 실체적인 개념이 아닌 연속적, 찰나적인 상호작용의 과정으로 인식하는 것입니다.

그리하면 연기법 그리기가 지루하지 않습니다.

또 비, 또 땅, 또 공기, 또 물…… 하지 않게 됩니다.

저도 새로운 인식의 시작 단계라 검증되지는 않았지만……

이렇게 연기맵을 그리면 연기맵을 그리 많이 그리지 않아도, 그리고 같은 양을 그리더라도 훨씬 더 연기적인 사고가 몸에 스며들고 나아가 언어의 한계에서 탈출함으로써 우리의 실제 일상생활에서도 찰나적으로 중중무진 진동하는 우주의 실상을 훨씬 자연스럽게 있는 그대로 바라볼 수 있게 되지 않을까 생각됩니다.

연기맵이면 누구나 깨닫는다

질문과 답변

물음. 1.

연기맵을 그리려고 주제를 정했습니다. 정한 주제를 종이 한가운데에 적었습니다. 적힌 대상이 나타날 수 있는 원인과 조건에 대해서 생각을 해봤습니다. 대충 떠오르는 대로 몇 가지를 적었습니다.

몇 가지를 적고 나니 '내가 이걸 왜 하지?' 하는 생각이 들면서 사유하기가 귀찮아집니다. 이럴 때는 어떻게 해야 하나요?

답변. 1.

사유하기가 귀찮아지는 이유는 연기법적 사유에 대한 동기(목적의식)가 없기 때문입니다. 또한 연기법적 사유에 대한 에고의 무의식적 저항이기도 합니다. 혹은 낯선 것을 접할 때 생겨나는 반발(싫증)

이기도 합니다.

때문에, 과연 내가 존재의 실상을 깨닫고 싶어 하는지를 진지하게 생각해야 합니다. 그냥, 그림(사유) 놀이를 즐긴다는 마음가짐으로 부담 없이 그려보는 것도 좋습니다.

물음. 2.

연기맵을 그리다보면 원인에 대한 원인, 그 원인에 대한 원인, 그 원인에 대한 원인…… 이런 식으로 끝없이 펼쳐집니다.

결국에는 알 수 없는 그 무엇, 무, 우주로 결론이 납니다. 이렇게 원인의 원인을 파고드는 것과 하나의 결과를 일어나게 하는 여러 가지의 원인을 사유하는 것에는 어떤 차이가 있나요?

그 차이점이 궁금합니다.

답변. 2.

조상 뿌리찾기식, 그러니까 원인에 대한 원인으로 소급해 들어가는 것은 인과적 사고입니다. 인과적 사고는 이원적인 생각방식으로 이어지게 합니다.

설령, 그와 같은 인과적인 사고로 이어지다가 마침내 '우주' 혹은

'알 수 없는 것'이나 '무'로 귀결되어도 생각 수준에서의 결론적 이해일 뿐입니다[因果異時].

하지만 연기법은 수많은 원인과 조건들이 모인(합쳐진) 것이 곧 모습(형태)으로 드러난 결과입니다. 때문에 원인과 조건들이 결과가 된 것입니다[因果同時].

원인(조건)과 결과가 같다는 것은, 생각방식에서는 나올 수 없는 것입니다.

시간적으로 원인(조건)과 결과가 동시적인 사건이 되는 겁니다. 즉, 시간관념이 소멸됩니다.

생각 관점인 인과법에서는, 원인(조건)이 먼저 있고 결과는 나중이 됩니다. 즉, 시간관념이 생겨납니다. 따라서 연기적 관점으로 접근해야 비로소 시간과 공간을 만들어내는 관념(생각)의 늪에서 벗어나게 됩니다.

물음. 3.

연기맵 초보입니다.

1. 머릿속에서 맵이 이러이러하게 전개될 것이다, 하고 예상한 정도로만 그리게 되는 것 같은데 계속 이렇게 그려나가면 되는지요?

2. 물건을 가지고 할 때, 모든 물건이 다 비슷비슷하게 전개되는 것 같은데 맞게 하는 것인지 궁금합니다. 특히 공기, 온도, 습도, 햇빛, 땅, 지구, 이런 것들은 계속 중복이 됩니다.

   중학생 수준만 되어도 할 수 있다고 들었는데, 상식 부족 탓인지 거의 비슷한 것만 적고 있는 것 같아요. 조금이라도 조사하면서 적어야 할까요? 관련 도서는 조금씩 읽어가고 있습니다. 조언 부탁드립니다.

답변. 3.

연기맵을 그리는 목적을 명확히 하는 것이 질문에 대한 답변이 될 것 같습니다.

연기맵은 사유수행입니다. 사유란 천천히 두루두루 생각하는 것이기에 대상을 찬찬히 살피는 것에서 출발하는 것이 좋습니다. 대상을 찬찬히 살피면서 대상이 어떻게 생겨났는지 원인이나 조건을 알아봅니다. 그러면 이런저런 원인이나 조건에 해당되는 것들이 떠오릅니다. 연기맵을 처음 그릴 때 착각하기 쉬운 것이 원인이나 조건을 많이 나열해야 한다는 생각입니다. 원인이나 조건을 많이 나열

연기맵이면 누구나 깨닫는다

하는 것은 중요한 것이 아닙니다.

중요한 것은 하나의 결과가 혼자, 스스로, 독립적으로 존재할 수 있느냐? 아니면 다른 무언가에 의존해서 존재하느냐?

변하지 않고 고정된 것이냐? 아니면 지속적으로 변하는 것이냐?

우리가 실재한다고 믿고 있는 대상이 정말로 실재하는 것이냐? 아니면 꿈과 같고 환영 같은 것이냐를 천천히 깊게 생각하면서 이해하는 것입니다.

원인과 조건을 많이 나열하는 것이 목적이 아니라 넓고 깊게 생각하는 것이 목적임을 알면 물음은 저절로 해결될 것 같습니다. 따로 책이나 자료를 찾아보는 것도 좋으나 지금 알고 있는 정보만으로도 충분합니다.

다만, 천천히 깊이 생각을 하면서 그리시길 바랍니다. 그리고 꾸준하게 그려보시기를 권해드립니다.

물음. 4.

연기맵을 그리는 속도는 따로 정해진 것이 없을 듯은 하나 거침없이 빠르게 내용을 적을 때 '내가 잘하고 있다'라는 생각이 들었고, 내용이 전혀 생각이 안 날 때는 '내가 잘못하고 있다'라는 생각이 들었습니다. 조언 부탁드립니다.

답변. 4.

연기맵을 그리다 보면 거침없이 내용이 적히는 때도 있고 내용이 적히지 않아 막막한 경우도 있습니다. 거침없이 내용이 적힌다는 것은 사고가 연기적으로 잘 돌아가고 있다는 증거입니다. 거침없이 적히던 것이 막막해지는 것은 지금의 수준보다 한 차원 업그레이드될 때 나타나는 현상입니다. 한 단계를 올라서면 평평해서 잘나가다가 다음 단계에 부딪히면 잠시 막막한 것과 같습니다. 혹은 잠시 휴식이 필요할 수도 있습니다. 막막하면 막막한 대로 여유를 가지고 천천히 생각하면 새로운 차원의 앎이 펼쳐질 것입니다. 연기맵 그리기는 잘 그려져도 잘 되는 것이고, 잘 그려지지 않아도 사실은 잘 되는 것입니다.

다만 꾸준히 그려나가는 것이 중요합니다.

연기맵은 노력에 비례하여 결과가 나타납니다.

질적으로도, 양적으로도 많이 그려보면 스스로 변하는 자신을 알아차리게 됩니다.

천천히 그러나 꾸준히……

물음. 5.

연기맵의 주제와 관련하여, 처음에는 변화가 잘 인지되는 것으로 정하고 이후에는 잘 안 변한다고 인지되는 것으로 이행해가는 것이 좋다고 하셨는데, 개인적인 문제, 즉 고통이나 욕심 등의 원인을 파악하기 위해서 연기맵을 그리는 것도 좋을 것으로 사료됩니다. 이러한 연유로 연기맵을 그릴 때 고려할 사항이나 조언이 있다면 부탁드립니다.

더불어 언급한 문제 등에 대한 연기맵을 그리기 전에 물체나 실체에 대한 연기맵 수행이 우선 충분히 선행되어야 하나, 하는 의문도 있습니다.

답변. 5.

사물에 대한 연기맵을 충분히 그려야 개인적인 문제인 감정이나 생각에 대한 연기맵을 그릴 수 있는 것은 아닙니다. 처음부터 '나'를 주제로 연기맵을 그리지 않는 이유는 '나'라는 존재가 실체가 없는 꿈과 같고 환영 같다는 사실을 바로 접할 때의 충격을 감소시키기 위함입니다. 그래서 편안한 대상으로 예열을 하고 어느 정도 달구어졌을 때 '나'를 태우는 것입니다.

감정이나 생각에 대한 연기맵을 그릴 때도 사물을 그리듯이 그리면 됩니다. 감정에 대한 연기맵을 그릴 때는 감정에 함몰되지 않도록 자신이 제3의 관찰자가 되어서 자신의 감정을 들여다보는 입장을 유지하면서 그리면 됩니다.

물음. 6.

연기맵 수행을 하고 있는데 모든 것이 서로 연결되어 있다는 것은 알겠습니다.

사과가 사과 아닌 것으로 이루어졌다는 것은 이해하겠습니다. 이것은 초등학생도 이해할 수 있는 것인데, 이것이 나의 삶과 어떤 연관이 있는지를 모르겠습니다.

'그래서? 그래서 뭐 어쩌라고?' 하는 생각이 듭니다.

연기맵 그리기와 삶을 사는 것은 어떻게 연결되나요?

답변. 6.

연기맵 그리기와 삶은 따로 떨어진 것이 아닙니다.

연기맵을 그리는 이유는 깨닫기 위함이고 깨달음은 삶을 위한 것입니다.

연기맵을 지속적으로 그리면 괴로울 일이 없어집니다. 우리가 괴로운 이유는 무지하기 때문인데, 무지란 지혜가 없음을 말합니다.

여기서의 지혜는, 이 세상 삼라만상은 고정된 실체 없이 항상 변한다는 것을 아는 지혜입니다. 내가 실재한다고 생각한 그것이 수많은 원인과 조건에 의해 드러난 것이라는 사실만 깊이 이해해도, 사람들의 말과 행동을 이해하고 수용하는 것뿐만 아니라 더 나아가서는 그 사람이 그렇게 행동하는 것에 대한 측은지심까지 생기게 됩니다.

사람과의 관계를 우호적으로 발전시키는 것 하나만으로도 연기맵은 충분히 삶을 위한 것이라고 할 수 있습니다.

그외에도 일일이 거론하기 힘들 정도로 삶을 위한 많은 혜택이 있습니다.

앞에서 설명한 〈수행의 효과〉를 참조하시면 더욱 자세하게 확인이 가능합니다. 연기맵 사유수행을 통해서 스스로 확인할 수 있으시기를 기대합니다.

물음. 7.

인식 가능한 사물과 감정을 포함한 상황 모두가 연기맵 수행의 대상이건만, 그것들 모두를 수행 대상으로 삼는 데에 있어 제가 겪는 지난한 단 하나의 장애가 있습니다.

가령 사과를 그리고 난 뒤 오렌지를 그려보겠다 하면, 제 머릿속에는 사과를 대상으로 해서 그렸던 연기맵이 펼쳐지면서 종자의 차이나, 기후조건 등 차이점만이 선별되어 각각의 위치에 변수로 적용되어 나타납니다. 마찬가지로 공산품을 포함한 여타 사물, 상황 등도 한 가지에 대해서 심층적으로 연기맵을 시도하고 나면, 비슷하게 분류되는 성질의 대상에 대해서는, 다시 변수 적용 작업이 빠르게 진행되는 바람에 구태여 그리고 싶은 의지가 꺾이더라구요. 이미 기존의 원인과 조건이 선명하게 그려지고 차이점이 분석되는데 굳이 노가다 작업을 해야 하나, 하는 강한 의구심도 생기고요.

마찬가지로 일상생활을 하면서도 상대방의 감정이든 자신의 감정이든 하나가 포착되면, 그것을 연기법 수행 주제로 삼고자 하는데, 감정이 내 의지대로 일어나는, 내게만 고유한 어떤 것이 아니고 타인의 감정 역시 이와 마찬가지라는 이해에 너무나도 빨리 도달합니다.

문제는, 결과적으로 이러한 현상이 연기적 사고가 무르익어 의식의 대변용으로 이어졌느냐 하는 점인데, 물론 아니지요.

아직까지는 사고와 이해 수준의 놀음일 뿐……

물론 드문드문 몸의 감각과 호흡 활동과 같은 섬세한 활동에 있어서, 주위 사물들과 일체가 되어 하나의 거대하고도 물컹한 젤리 덩어리로 느껴지는 순간이 찾아오기도 하지만(저는 주로 책을 읽다가 그런 순간을 마주하는 편입니다), 사실 그러한 순간에는 역설적으로 감각이 너무나 예민해져 있는 상태

연기맵이면 누구나 깨닫는다

라 의식적이라기보다는 변종의 생물체가 된 듯한 느낌입니다.

한마디로, 이렇게 일체의 연기 사유 대상이 다 그렇고 그런 귀결점으로 빠르게 이해 요약될 뿐이라는 제 매너리즘적 성향을 극복하기가 쉽지 않다는 점이 애로사항이네요. 그래서 애써 한 장을 그려보려 하면, 매너리즘을 피해나갈 주제를 구할 수 없어서 끙끙대고, 할 수 없이 어거지로 하나를 선택해 그리기 시작하면, 익숙한 조건들과 상황에 손은 빠르게 움직이지만 패턴화된 같은 작업을 반복하는 지겨움이 너무나도 큽니다. 그 반복적이고 패턴화된 작업을 하다 보면, 사유수행을 하고 있단 생각도 들지 않고, 그냥 단순한 연산작업을 수행하는 기계가 된 느낌에 별다른 통찰로 이어지질 못하고 오히려 관성적 사고의 틀에서 수행 시늉하고 있단 자괴감이 일기도 합니다.

어찌하면 연기맵 수행을 참신하게 즐거이 할 수 있을는지요?

답변. 7.

혹시 부담감을 가지고 그리는 것은 아닌가요?

연기맵은 몸과 마음이 편안한 상태에서 약간의 호기심을 가지고 즐겁게 그리는 것이 좋습니다.

만약 하기 싫은 것을 억지로 그리려고 한다면, 연기맵을 그리는 이유를 다시 한 번 상기하는 것이 좋습니다.

내가 왜 이것을 해야 하는지 목적이 명확해지면, 큰 부담 없이 연기맵을 그릴 수 있으니까요.

그것이 아니라면 이런 경우도 있습니다.

연기맵을 그리는 순간에 과거의 경험이나 기억을 탐색해서 과거와 지금을 동일시하는 작용이 일어납니다. 특히 두뇌회전이 빠른 분에게서 잘 나타나는 현상입니다.

'사과와 오렌지가 거기서 거기지 뭐 별것 있겠어?'

'기쁨이나 슬픔이나 거기서 거기지 뭐 별것 있겠어?'

……

어제와 오늘이 분명 다른 시간이고, 1초 전의 사과와 1초 후의 사과가 분명 다른 사과임에도 불구하고, 어제 그린 연기맵의 내용과 오늘 그리는 연기맵의 내용에 중복되는 것들이 많이 있다는 생각 아래, 엄연히 다름에도 불구하고 비슷하다고 생각하는 착각이 순간적으로 일어납니다.

당연히 같은 것을 또 한다고 생각하니 재미도 없고 노동이 되는 것입니다. 이런 현상이 일어나는 이유는 귀찮음 때문입니다.

'대충 어떻게 펼쳐질지 그냥 감이 확 잡히는데 새삼스럽게 뭘 또 그려……'

연기맵이면 누구나 깨닫는다

그런데 여기에서 기억해야 할 중요한 요소가 한 가지 있습니다. 자기계발서를 쓰는 작가 중에 이지성이라는 작가가 있습니다. 그는 2천 권 이상 책을 읽으면 의식에 변화가 일어난다고 말합니다.

가난한 사람도 부자나 부자가 되는 것에 관련된 책을 2천 권 정도 읽으면, 부자 마인드로 바뀐다는 것이죠.

중요한 것은 축적이 되어야 돌파가 일어난다는 것입니다.

물론 축적하는 방법은 독서가 될 수도 있고, 스승의 안내나 도반들과의 탁마를 통해서도 가능합니다.

어떤 경로를 통하든지 어차피 스스로 해야 하는 것입니다.

그런 의미에서 말콤 글래드웰의 《아웃라이어》라는 책을 한 번 읽어 보시는 것도 좋겠습니다.

결과가 일어날 만한 원인과 조건이 갖추어지면, 결과는 저절로 나타납니다. 축적이 되면 저절로 돌파가 되니까요.

여기까지 읽었는데도 마음이 움직이지 않는다면, 돌파가 일어날 수 있는 조건을 갖추지 못하게 하는 원인을 잘 살펴보아야 합니다.

대적광 모임에 참석해보시는 것도 이러한 어려움을 해결하는 하나의 방법이 될 수 있을 것입니다. (대적광 네이버 카페 http://cafe.naver.com/tchut 대적광 이메일 daejukkwang@naver.com 대적광서울센터 서울시 강남구 개포4동 1163-5번지 서홍빌딩 5층 T.02-573-3311)

IV

연기맵을 그려본 후

연기는 성기이다

존재를 있는 그대로 보는 방법이 연기법이다.

연기법을 거듭거듭 깊이깊이 사유해 들어가면 어느 순간에, 실체적인 존재로 알았던 것들이 실체적 존재가 아니라 환 같은 존재, 꿈같은 존재라는 것이 밝혀진다.

연기법을 더욱 깊이 사유해 들어가면 환(꿈) 같은 존재마저 넘어선다.
환(꿈)으로 보는 것은 실체적 존재라는 모습에서는 벗어났지만 아직도 환(꿈)이라는 모양에 사로잡혀 있는 것이다.

환(꿈) 같은 모양을 더욱 깊이 꿰뚫어보면 환(꿈)의 모양이 투명해 지면서 바탕(근원)이 보인다.

환(꿈)이라는 현상이 자리하는 근원(바탕)이 드러난다.

연기는 성기性起이다.

원인과 조건들로 생겨난 환(꿈)이라는 현상은, 결국 모양 없는 근원 (바탕)에서 생겨난 것임을 깨닫게 된다. 근원(성품)이 환(꿈)이라는 현상으로 나타난 것이다.

연기된 환(꿈)은 성품(근원)이 현상화된 것이기에 성기라고 한다.

연기적 사고와 신인류

연기법은 의식의 발달을 자연스럽게 촉진시킨다.

생각의 한계인 이원적(상대적, 이분적) 구조를 뛰어넘게 만든다.

그리하여 생각을 통해서 생각의 한계를 넘어서게 하는 묘한 수행이다.

일반적으로, 생각을 통해서는 깨달을 수 없다고 여긴다.

그러니까 생각으로는 생각의 틀을 벗어날 수가 없기에 생각 이전을 깨달아야 한다는 심법心法적 가르침만을 신봉하고 있다.

결코 그렇지 않다.

꼬리에 꼬리를 무는 생각방식으로는 어림없지만 연기법적 생각으로는 가능하다.

연기법은 생각을 통해서, 생각이 끊어지는(초월하는) 방식이다.

때문에 인류의 진화과정에서 생성된 생각이 연기법적으로 전환되면, 생각은 이원적 구조의 한계를 초월하게 된다.

바야흐로 영성적 생각으로 진화하는 것이다.

인류는 기존의 이원적 생각방식에서 다원적이고 통합적이며 생각 자체의 기원(실상)까지도 꿰뚫어볼 수 있는 연기적 사고방식으로 전환해야 할 때이다.

지금까지의 인류에게 발생한 수많은 문제들(전쟁, 살육, 고통)은 이분적 생각방식에서 비롯된 것이다.

이제! 인류는 연기적 사고로 전환하여 인류와 지구환경 나아가 온 우주가 행복할 수 있는 길을 열어야 할 것이다.

연기맵이면 누구나 깨닫는다

실체가 꿈임을
꿰뚫어보면

일체의 존재는 본래부터 있었던 것이 아니라 원인과 조건이 모여서 형성된 것이다.

원인과 조건들이 모여서 생겨난 임시적이고 가상적인 존재이다.

임시적이고 가상적인 존재는 변치 않는 실체가 비었다는 점에서 환(꿈)과 같은 존재이다.

환(꿈) 같은 존재라고 보는 것은 기존의 실체적 존재라는 관념에서 벗어난 것이다.

실체를 환(꿈)으로 대체하는 것이 아니라 환(꿈)임을 분명하게 꿰뚫어보면, 환(꿈)이라는 모습을 붙들고 있진 않는다.

만약 환(꿈)이라고만 안다면, 환(꿈)이라는 모습을 실체시하는 것이다.

따라서, 환(꿈)임을 꿰뚫어본다는 것은, 실체적 관념을 해체하고 진

상(진여의 현현)을 드러나게 하는 것이다.

'색즉시공' '공즉시색'은 곧 법공法空을 말한다.

연기법은 실체적 관념을 해체하면서 법공을 깨닫게 한다.

생각을 통해
생각을 넘어서다

연기법은 신묘한 수행이다.

이원적 생각에서 출발해 연기법에 접근한다.
따라서 이성적으로 수행하는 방법이다.
하지만 연기법에 대한 이치를 깊이 사유해 들어가면 이성적으로 판단했던 것과는 전혀 다른 결론에 도달한다.
그동안 이원적 사고의 틀에서 바라봤던 실체적 존재들이 돌연 사라진다.
연기법은 이원적 사고의 틀을 벗어나도록 이끌기 때문이다.

그토록 확고하게 믿었던 눈앞의 존재들이 사실은 헛것(환영)이다.
하늘과 땅이 뒤집히는 것 같은 진실이다.

이러한 진실은 에고에게는 불편하다.
때문에 진실을 감당할 만한 준비가 되어 있지 않은 사람은 외면하고 싶어 한다.
종종 젊은 나이에 이것을 문득 일별한 사람이 도망치는 것을 본다.
에고로 즐기고 싶은 것들이 아직은 많이 남아 있기 때문이다.
하지만 성숙한 사람은 에고가 즐기고자 하는 것들이 결국엔 부질없음을 알고 있다.
에고에 의해서 농락당하는 삶에 대한 회의를 느낀 것이다.

오직 '진실이 무엇인지'를 깨닫고자 한다.
그렇게 발심한 사람에게 마침내 그 진실은 드러나고야 만다.
그를 일러 부처라 한다!

연기법 사유수행은 생각을 내버려두고 생각 너머(근원)에 진입코자하는 것(선수행禪修行)과는 달리, 생각의 방식을 달리함으로써 생각

연기맵이면 누구나 깨닫는다

의 허구성을 꿰뚫어 생각을 넘어선 근원을 깨닫는 수행이다.
따라서 원천적으로 깨달은 후에 오락가락할 까닭이 없다.

연기를 보는 자
여래를 보리라

⎯⎯⎯⎯⎯●⎯⎯⎯⎯⎯●

가. 누구나 일체의 존재가 실재하는 것으로 착각한다.

쉽게 말해서, 내가 있다고 믿고 삼라만상도 존재한다고 믿는다.

모습(형상)을 기준으로 그 모습이 실재하는 것이라고 여기기 때문이다.

때문에 모습이 사라지면 죽었다(멸했다)고 여긴다.

결국 생(태어남)과 멸(죽음)이 있다고 믿는 것이며, 그것은 생과 멸을 실체시한 것이다.

나. 연기법을 수행하면 모습으로 존재하는 것들이 환(꿈) 같은 것임을 깨닫게 된다.

모습이 실재하는 것이 아님을 깨달은 것이다.

모습은 연기로 나타난 것일 뿐이기에 모습은 허구임을 본다.

따라서 일체(제상諸相)는 실체적 존재가 아니라 비상(非相, 환)임을 깨달았기에 해탈이다.

해탈은 모습이 실재한다는 망상(무명업식)으로부터 벗어난 것을 말한다.

다. 하지만 연기법 수행은 여기서 더 나아간다.

환(꿈)을 깨달았다면 환이라는 모습마저도 벗어나야 한다.

쉽게 말해서, 환이 생겨나고 사라지는 근원(바탕)을 깨달아야 한다.

왜냐하면 환이라는 현상도 아무 재료 없이는 생겨날 수 없기 때문이다.

환(꿈) 같은 현상을 만들어내는 것이 진여(불성)이다.

간단하게 말해서,

일체가 환(꿈)임을 깨닫는 그!것!이 진여(불성)이다.

라. 결론

연기는 성기로 회통해야 한다!

원인과 조건들로 생겨난 연기적 존재는 환(幻)이라는 비실체적인 것임을 깨닫는 것에서 끝나는 것이 아니다. 환(幻)을 만들어낸 근원(성품)을 깨닫는 것으로 이어져야 한다.

결국 모양 없는 성품(근원)이 환(幻)으로 현현한 것임을 깨달아야 한다.

일체가 연기된 것임을 깨닫고 있는 앎이 곧 성품(근원)의 앎이다.

소중한 인연

진여를 깨달았다고 해도, 견해가 미흡하면 전체적인 그림이 잘 맞추어지지 않는다.

실상을 모르는 것과 달리 또 다른 답답함이 남는다.

이것은 이성 영역과 영성(진여) 영역이 회통하지 못함에서 오는 미진함이다. 이 부분은 연기법이 교량 역할을 해준다.

연기법은?

'실체적인 상 → 환 같은 상 → 무상(진여)'으로 이어지게 한다.

연기법은 무엇보다도, 일체의 현상적 존재가 진여라는 것을 깨닫는

가운데 현상적 존재 간의 상즉상입의 관계의 소중함에 눈을 뜨게 한다. 서로가 서로를 존재토록 하는 소중한 인연임을 깨닫게 한다.

지혜와 자비가 함께하는 진여(참본성)이기 때문이다.

지혜의 눈으로
꿰뚫어보라

●━━━━━●

색(현상)이 공(빈 것)이다.

이 말이 진실이지만, 이 진실을 바로 보기 위해서는 수행을 통해서

깨달아야 한다.

색이 곧 빈 것임을 보는 명쾌한 방법이 있다.

연기관(연기법)이다.

눈앞에 버젓이 존재하는 실감나는 존재가 연기관으로 살펴보면 환

(꿈) 같은 것임을 보게 된다. 육안으로는 실체적인 존재가 분명한데

연기관의 반야(지혜)의 눈으로 보면 환(꿈) 같은 것이다.

실상을 꿰뚫어보는 눈이 연기법을 통한 지혜의 눈[照見]이다.

현미경을 통해서 보면 육안으로 볼 수 없는 미세한 것도 볼 수 있듯

이, 육안으로는 알 수 없는 별의 모습을 망원경을 통해서는 볼 수 있듯이, 육안으로는 파악할 수 없는 존재의 참모습을 연기법을 통해서는 볼 수 있다.

그 존재가 어떻게 생겨난 것인지를 살펴보면 된다.
본래부터 존재한 것이 아니다.
원인과 조건들이 모여서 생겨난 것이다.
원인과 조건으로 형성된 존재는 그 자체로 존재한 것이 아니다.
원인과 조건들이 변하면 그 모습도 변한다.
존재하는 것같이 보이지만 존재한다고 할 수가 없다.
원인과 조건들도 또 다른 원인과 조건으로 생겨난 것이고, 그것들도 또한 그러하다.

육안으로 볼 때는 실체적인 색이, 연기관으로 보면 공이다!
존재의 실상을 꿰뚫어보는 눈이다!
모든 경전은 연기법으로 꿰뚫어본 존재의 실상을 설하고 있다.

일진법계를
증득하는 연기법

●─────●

이 공부의 궁극은, 아공법공我空法空으로 드러나는 일진법계이다.
일진법계는 일체의 존재가 진여(불성)의 현현임을 깨닫는 것이다.
연기법은 일진법계를 체득하는 수행법인 동시에 일진법계라는 중
도실상中道實相을 말한다.

불교의 모든 가르침은 연기법을 바탕으로 펼쳐지며 연기법으로 귀
결된다.

일체의 존재는 원인과 조건으로 말미암아 생겨난다.
단순하게 여겨지는 이 표현이, 우주의 진실을 설명하고 그 진실을

증득하는 핵심이다.

하지만 너무나 간단해 보이는 이 표현으로 인해 연기법이 드러내고
자 하는 바를 놓치고 만다. 진실은 너무나 간단하다.

너무나 단순하기 때문에 모르는 것이다.

연기법은 오랫동안 검증된 수행법이자 모든 깨달음의 귀결처이다.

연기법은 특정인에 의해서 왜곡될 수 있는 것이 아니다.

연기법은 오랫동안 설명되어왔고 검증된 가르침이기 때문이다.

다음은 화엄경을 요약한 의상대사의 법성게에 나오는 내용이다.

일중일체 다중일　一中一切 多中一

일즉일체 다즉일　一卽一切 多卽一

일미진중함시방　一微塵中含十方

일체진중역여시　一切塵中亦如是

하나 속에 모든 것이 있고 모든 것 속에 하나가 있으며

하나 그대로가 모든 것이며 모든 것 그대로 하나이니

한 티끌 속에 시방을 머금고

모든 티끌마다 또한 그러함이라

존재의 실상을 밝히는 참으로 명쾌하며 오묘한 연기법이다.

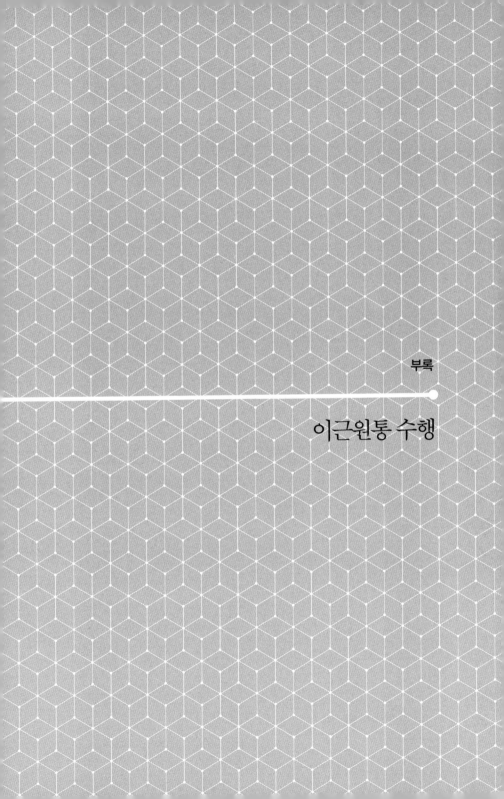

이근원통 수행

소리를 따라
들어가기

이근원통耳根圓通은 징(종) 소리를 듣고 있는 것(놈)이 곧 진여임을 깨닫는 수행이다.

1. 처음에는 징(종) 소리를 편안하게 듣기만 한다.
2. 징소리가 서서히 사라질 때까지 들어본다.
3. 마침내 소리는 사라진다.
   하지만 이제부터 소리에 관심을 두지 말고 소리를 듣는 의식에 관심을 두면 된다.
4. 마침내 소리가 사라지고 나면 고요한 침묵이 흐르는 가운데 소리를 듣고 있는 의식만 남는다.

5. 물론 이 의식은 자각 형태로 의식될 뿐이어서, 상대적인 대상으로 파악하는 것은 아니다.

6. 소리와 소리를 듣는 것이 별개는 아니지만, 일단 소리가 아닌 소리를 듣고 아는 것에 집중해야 한다.

7. 소리가 없어지면 소리 없음을 아는 앎이, 소리가 있을 땐 소리 있음을 아는 앎이다.

   이 앎은 소리가 있고 없음에 상관없이 늘 실재하는 진여의 앎(영지)이다.

이 진여의 앎을 분별적 방식으로 확인하려고 하면 어긋나게 된다. 때문에 처음에는 소리를 듣다가 소리가 사라지는 지점으로 몰입해 들어가는 것이 좋다.

소리가 있을 땐 소리를 듣는 것도 분명하지만, 소리가 사라지면 다소 멍~할 수도 있다.

멍한 상태를 느끼는 것은, 소리를 식별하는 것에 맞추어진 의식이 식별할 것이 사라지면서 나타나는 현상이다. 멍~한 가운데 소리 없음을 아는 놈(의식)은 분명하다.

분명한 그 앎이 진여의 앎이다.

그냥 그 앎과 하나가 되어야 하는데, 일단 그 앎에 밀착하는 것이 요령이다.
물건을 보듯이 그 앎을 대상으로 파악해서는 안 된다.
만약, 그렇게 시도하게 되면 이원적(상대적)인 앎(분별적 앎)이 되기 때문이다.

문종성聞鐘聲…… 번뇌단煩惱斷…… 지혜장智慧長…… 보리생菩提生……

연기법이면 누구나 깨닫는다

이근원통으로 깨닫는다

공적영지

●━━━━━━●

소리를 듣는다.

소리를 따라 소리가 사라지는 것을 끝까지 듣는다.

소리가 점차로 소멸해감에 따라 미세한 소리와 소리가 사라지고 난 뒤의 미묘한 여운까지 듣는다.

소리는 마침내 사라지고 고요한 적막이 흐른다.

고요한 적막이 흐르고 있음을 감지한다.

적막과 함께하는 미묘한 앎이 또렷하다.

앎에만 집중하면 앎만이 자각되고, 적막함에만 집중하면 적막함만

의식된다.

적막한 가운데 앎이 있고 앎 가운데 적막함이 있다.

이 앎으로 이 앎과 이 앎이 자리한 적막함을 감지하는 그것이 공적영지空寂靈知이다.

이때 앎과 앎의 몸인 적막함이 한바탕임을 실감하게 된다.

의식은 지금! 여기!에 머물게 되고 태곳적 고요함이 지금! 여기!에 현존한다.

과거와 미래 그리고 현재라는 시간관념이 벗겨진 무시간적 실상(진여)만이 드러난다.

사물들이 위치한 공간관념이라는 관념이 벗겨진 실상(진여)의 진공이 드러난다.

이 진공이 더욱 깊어지면서……

온 우주를 감싸 안은 무형상의 진여가 삼라만상으로 신비롭게 그 자태를 드러내고 있다.

연기맵이면 누구나 깨닫는다